Helga Blohm
Gott und mein 40-Tonner
Aus dem Tagebuch einer Fernfahrerin

Helga Blohm

GOTT UND MEIN 40-TONNER

Aus dem Tagebuch einer Fernfahrerin

Helga Blohm
Gott und mein 40-Tonner
Aus dem Tagebuch einer Fernfahrerin

Best.-Nr. 271824
ISBN 978-3-86353-824-8

Es wurden folgende Bibelübersetzungen verwendet:
Lutherbibel, revidierter Text 1984,
© 1999 Deutsche Bibelgesellschaft, Stuttgart. (LUT)
Elberfelder Bibel 2006
© 2006 by SCM R.Brockhaus
in der SCM-Verlagsgruppe GmbH, Witten/Holzgerlingen. (ELB)

3. Auflage 2026
© 2022 Christliche Verlagsgesellschaft mbH
Am Güterbahnhof 26 | 35683 Dillenburg
info@cv-dillenburg.de

Umschlaggestaltung: Jürgen Frey, afo
Satz: Christliche Verlagsgesellschaft mbH
Umschlagmotiv: © iStock.com/Apriori1,
© pixabay.com: Hans Braxmeier (Landkarte)
Illustrationen im Innenteil: © Freepik.com/macrovector (Reifenspur),
© Unsplash.com/maxime-horlaville (Fußspur)
Fotos im Innenteil: © Privat, © Christoph Blüthner
© iStock.com: LianeM (Abruzzen), fabio lamanna (Turin),
SimonSkafar (Lissabon)
© Shutterstock.com: Woskresenskiy (Spanische Hochebene),
Pawel Uchorczak (Toskana), Taiga (Südfrankreich)

FINIDR, s.r.o.
Printed in Czech Republic

Wenn Sie Rechtschreib- oder Zeichensetzungsfehler entdeckt haben,
können Sie uns gern kontaktieren: info@cv-dillenburg.de

Gewidmet meinen verstorbenen Eltern. Von meinem Vater habe ich die Leidenschaft für Autos und das Fahren geerbt. Außerdem stand er mir auch immer mit Rat und Tat zur Seite. Dank meiner Mutter war ich von den Alltagspflichten zu Hause entbunden und konnte mich ganzheitlich in meinem Beruf als Fernfahrerin einbringen.

Auch gewidmet meinen Kollegen. Euch gilt mein Dank für Eure selbstlose Hilfsbereitschaft, die ich unterwegs erfahren habe. Ihr „harten Kerle" seid mir als feine Menschen begegnet. Herzlichen Dank! Ich wünsche Euch auf allen Euren Wegen allzeit gute Fahrt – Gott schütze Euch!

In diesen Wunsch schließe ich alle ein, die auch heute unterwegs sind.

INHALT

Vorwort **11**

Wie kommt eine Frau zum Lkw-Fahren? **12**
Meine Kindheit und Autos 12
Die ersten Fahrstunden 13
Gott über allem – väterliche Mahnung ernst nehmen 14
Die ersten selbständigen Fahrerlebnisse 15
Mein Wunsch, Lkw zu fahren 16

Die Chance **19**
Meine ersten Fahrerlebnisse mit dem Lkw 19
Gott mit mir 20
Hoffnungsvolle Aussichten 21
Auf nach Italien – meine erste Auslandsfahrt 21
Auf dem Zollhof 23

Die Anfänge als Berufskraftfahrerin **26**
Mein Arbeitgeber 26
Ist es Gottes Wille, dass ich Lkw fahre? 27
Endlich „mein" Lkw 28
Das Rückwärtsrangieren will gelernt sein 29

Aus dem „Nähkästchen" geplaudert **31**
Das Be- und Entladen 31
Mit Kollegen funken 31
Ein Lkw ist kein Haus 32

Zöllner sind eine besondere Spezies Mensch 33

Ein Stadttor mit Hindernis 35

Ein Bote Gottes 37

Eine Frau hinter dem Steuer eines Lkws – erstaunlich? 38

Pepes Sperenzchen 39

Faktor Zeit – der immer mitfährt 41

Göttliche Bewahrung 42

Meine erste Fahrt zum Mittelmeer 43

Ankunft in Rom 44

Die unvergessliche Taxifahrt und andere Erlebnisse 45

Höchst gefährlich! 47

Härtetest für mein Durchsetzungsvermögen 49

Die Gefahren des Nebels 51

Bloß nicht krank werden 53

Dauerregen 55

Ein ungewöhnliches Erlebnis in Wien 56

Zu Gast in einem „Routier". 59

Das Fahrtenbuch vom Kiosk 60

Der „Blaumann" in Aktion 61

Begegnungen in Spanien 61

Meine erste Portugaltour 64

Ostern in der Toskana 70

Ein wunderbarer „Navigator". 75

Schikane im Alltag. 76

Bier oder Lektüre? 77

Die sanitären Anlagen – der Erfindergeist kennt keine Grenzen . . . 78

Der Alltag: Von schönen Landschaften, gutem Essen
und Kilometern 80

Der italienische Fahrstil – etwas ganz Besonderes 83

Der Verkehr – schlimmer geht immer 84

Portugal-Tour – neue Erlebnisse 86

Spanien-Rundlauf – Überraschungen abseits der Transitstrecke . . . 92

Die unerwartete Gefahr 94

Das Verwöhnpaket 95

Irrnisse und Wirrnisse 96
Ersterfahrung mit den neuen Bundesländern 98
Fahrt nach Turin 99
Heidekraut – Erikas über Erikas 103
Sekundenschlaf 104
Winterliche Erlebnisse in der Schweiz 105
Wie man an Aufträge kommt 107
Trabbifahren 108
Impressionen von unterwegs 109
Die Kohlen aus dem Feuer holen 110
Andere Länder, andere Sitten 111
Netter Wirt und helfende Hände 112
Ein Traum wird wahr – ein neuer Lkw 113
Und wieder die Brücken 113
Vertrauen ist gut – Kontrolle ist besser 114
Spanien-Rundlauf 115
Achtung, Lebensgefahr! 116
Wochenende in Südfrankreich 117
Es kommt mir „spanisch" vor 119
Wochenende in Lissabon 121
Hofeinfahrt mit Tücken 122
Kupplungsschaden in Frankreich 123
Renault Magnum 500 – das damalige Flaggschiff 124
Streik der französischen Lkw-Fahrer 125
Kasseler Berge – und die Polizei 126
Ein unvergessliches Erlebnis 127
Nahverkehr und innerdeutscher Fernverkehr 131
Wechsel zu einer anderen Spedition 133
Eine neue Aufgabe 133
Diebstähle 134
Erlebnis mit der italienischen Polizei – mein Freund und Helfer? . . 136
Es kommt auf den Blickwinkel an 138
Eine Hommage an meine Kollegen 139
Fazit 141

Das traurige Ende 143

Der Gott der Bibel – warum Jesus Christus mir so wichtig geworden ist 146

Schlusswort 151

Danksagung 154

VORWORT

Ich befinde mich nun im Ruhestand und habe Zeit, meine Erinnerungen an meinen Fernfahrerberuf zu Papier zu bringen. Damals führte ich stichwortartig Tagebuch, um eventuell bei späteren Rückfragen rekonstruieren zu können, wann ich wo gewesen bin. Heute habe ich die Freude, das Ganze beim Niederschreiben noch einmal erleben zu dürfen. Meine Aufzeichnungen sind eine Mischung aus Reiseberichten, knallhartem Lkw-Fahrer-Alltag und Erfahrungen mit Gott – Jesus Christus –, an den ich glaube.

Mehrere Jahre durfte ich in meinem Traumberuf arbeiten, zunächst aushilfsweise, dann von 1989 bis 1994 als vollzeitliche Lkw-Fahrerin. Es war für mich eine spannende Zeit, die mich nicht selten herausforderte und an Pionierarbeit erinnerte. Anders als heute gab es zu der damaligen Zeit keine Handys und keine Navigationsgeräte – ein Umstand, der viele meiner Erlebnisse zu einem Abenteuer werden ließ.

Ich möchte Sie, liebe Leserin und lieber Leser, einladen, mich auf meinen Fahrten zu begleiten. Lassen Sie sich überraschen von den vielfältigen Erlebnissen, die ich hierbei quer durch Europa machen konnte.

1

WIE KOMMT EINE FRAU
ZUM LKW-FAHREN?

Meine Kindheit und Autos

Meine ersten Worte, die ich aussprechen konnte, waren: „Mama", „Papa" und als drittes „Auto". Das Auto gehörte quasi zur Familie.

Mein Vater – ein gelernter Autoschlosser bei „Benz" – bastelte und reparierte gerne an Autos, und das erfolgreich. Bekannte suchten meinen Vater samstags auf, um sich bei ihm Rat und Hilfe zu holen. Da ich das Hosenbein meines Vaters nur selten losließ, war ich beim Reparieren der Autos selbstverständlich immer mit dabei. Während er unter dem Auto lag, reichte ich ihm das Werkzeug und sah neugierig zu, wie er die Teile fachmännisch zusammensetzte und reparierte.

Als ich Kleinkind war, brachte mir mein Vater nach der Arbeit öfter mal ein Spielzeugauto der Marke Schuco mit, das noch aus Blech hergestellt worden war. Meine Freude war jedes Mal groß; ich lag auf dem Boden und spielte selbstvergessen mit den kleinen und großen Autos, denen meine ganze Aufmerksamkeit und Faszination galt.

Einmal schenkte er mir ein mit Batterie betriebenes, ferngesteuertes Spielzeugauto, ein türkis-metallic-farbenes Mercedes-Benz Cabrio. Oh, wie war meine Freude groß! Das Auto ließ sich mit einer kabelverbundenen Fernbedienung steuern. Das Tolle an dem Spielzeug war, dass es ein Lenkrad besaß, mit dem ich das Auto in alle möglichen Richtungen bewegen konnte, also wie im „richtigen Leben". So lernte ich spielerisch quasi aus der Vogelperspektive, wie ich das Lenkrad einschlagen musste, um einzuparken oder rückwärts in eine provisorisch auf dem Boden eingerichtete Parklücke, die aus Papier- oder Kartonstreifen bestand, zu fahren. Meistens jedoch musste das Muster des Teppichs als Straßenersatz herhalten. Das alles machte mir einen riesigen Spaß.

Zusammenfassend kann ich sagen, dass ich unzählig viele Spielzeugautos besessen habe, mit denen ich abwechselnd unterwegs war, während meine Schildkröt-Puppe namens Karin und die zwei Teddybären, die bei mir im Bett schlafen durften, eine untergeordnete Wichtigkeit darstellten. Allerdings habe ich den einen Bären heute noch. Obwohl er total abgenutzt aussieht, hat das Bärchen einen Ehrenplatz in meinem Wohnzimmer.

Die ersten Fahrstunden

Am Sonntagmorgen holte mein Vater sein blitzblank geputztes Auto, einen VW-Käfer, aus der Garage und fuhr mit mir in das Industriegebiet von Mannheim. Warum ausgerechnet dorthin? Weil dort am Sonntagmorgen so gut wie kein Auto unterwegs war. Dann nahm mich mein Vater auf den Schoß. Mit meinen knapp vier Jahren – meine Nase reichte gerade bis zur Windschutzscheibe – durfte ich erstmals ein Lenkrad bedienen. Mein Vater hatte seine Hände noch leicht am Lenkrad, sodass er sofort hätte eingreifen können, wenn das Auto von der Straße abgekommen wäre. Es war für mich Freude pur. Seine Worte „Wenn eine Polizeistreife kommt, Kopf runter" machten das Ganze noch spannender. So verliefen meine ersten Fahrstunden.

Später, als ich neun oder zehn Jahre alt war und meine Füße gerade bis an die Pedale des Autos reichten, lehrte mich mein Vater bei uns im Hof das Anfahren: „Kupplung treten, ersten Gang einlegen, Kupplung langsam kommen lassen, ein wenig Gas geben", lautete seine Instruktion. Nachdem ich das Auto ein paar Mal „abmurkste", hatte ich es begriffen. Die nächste Lektion war das Einfahren in die Garage und das Wieder-Herausfahren. Auch das Wenden und das Rückwärtsfahren gehörten zum Lernprogramm.

Mein Vater besaß damals auch einen Fiat 500, mit dem ich üben durfte. Anfangs saß mein Vater noch als Beifahrer neben mir, um mir

13

bei Bedarf sofort Hilfestellung geben zu können, wenig später fuhr ich ganz alleine.

Einmal war ich sehr dicht an die Hauswand gefahren und traute mich nicht, das Auto von dort wieder wegzufahren, obwohl vielleicht noch eine Handbreit zwischen Auto und Wand Platz war. Ganz verunsichert holte ich lieber meinen Vater, bevor ich eine Delle in das Auto gefahren hätte. Schmunzelnd zeigte Papa mir, worauf ich achten musste, und fuhr das Auto wieder mittig auf den Hof. Durch diese Übungen bekam ich nach und nach ein Gefühl für die Maße des Autos.

Mit 18 Jahren meldete ich mich zum Pkw-Führerschein an. Die Ausbildung verlief ohne Probleme. Meistens saß mein Fahrlehrer entspannt neben mir und gab mir nur in verkehrstechnischer Hinsicht Hinweise. Offenbar habe ich ihm wenig Nervenkitzel bereitet, denn das Wesentliche hatte ich bereits bei meinem Vater gelernt. Nach zwölf Pflichtfahrstunden hielt ich glückstrahlend die langersehnte Fahrerlaubnis in der Hand.

Zwei wichtige Regeln gab mir mein Vater mit auf den Weg:

Erstens: „Fahre nur so weit rückwärts, wie du unbedingt musst, da der ‚Tote Winkel' beim Rückwärtsfahren sehr groß ist."

Zweitens: „Verlasse dich niemals auf den Beifahrer, der ‚mitfährt'. Als Fahrerin bzw. Fahrer bist du alleine verantwortlich für das, was du tust." In der Praxis bedeutet dies, dass ich mich immer selbst davon zu überzeugen habe, ob beispielsweise die Kreuzung frei ist, bevor ich in die gewünschte Richtung abbiege.

Für beide Hinweise war ich meinem Vater unendlich dankbar, denn einige Jahre später retteten sie einem Kind das Leben und später sogar mein eigenes.

Gott über allem – väterliche Mahnung ernst nehmen

Ich parkte mit meinem Citroën 2 CV, auch „Ente" genannt, an einem breiten Gehweg direkt neben einer Hofeinfahrt, in der ein kleiner Junge Ball spielte. Nachdem ich später nach meinen Erledigungen wieder eingestiegen war, setzte ich das Auto in Richtung dieser Einfahrt zurück, um dann in die andere Richtung loszufahren. Beim Rückwärtsfahren hatte ich natürlich das Kind in der Einfahrt im Auge.

Plötzlich und unerwartet sah ich, wie links direkt hinter meinem Auto ein kleiner Junge mit einem Tret-Gokart hervorkam. Ich erschrak und fragte mich: „Wo um Himmels willen kommt dieses Kind auf einmal her?" Ich hatte den kleinen Jungen nicht gesehen, da ich nur auf das im Hof spielende Kind fixiert war, und was sich direkt unterhalb der Heckscheibe abspielte, war meinem Blick entzogen. Wäre ich nur wenige Zentimeter weiter zurückgefahren, hätte ich das Kind überfahren! Gott sei Dank (!) fuhr ich nur so weit rückwärts, wie es notwendig war.

In meiner späteren Lkw-Fahrer-Zeit fuhr ich ausnahmsweise mit einem Beifahrer den Lkw. Wir standen an einer Kreuzung, als er meinte: „Rechts ist frei." Die Worte meines Vaters im Ohr vergewisserte ich mich selbst noch einmal und sah gerade noch rechtzeitig, wie von rechts ein Lkw mit hoher Geschwindigkeit auf die Kreuzung zugebraust kam. Gott sei Dank hatte ich selbst noch einmal einen Blick nach rechts geworfen und vermied somit einen Unfall.

Die ersten selbstständigen Fahrerlebnisse

Mit meiner „Ente" nahm ich regelmäßig an Autoturnieren des ADAC teil, die die vielsagende Bezeichnung „Geschicklichkeit am Steuer" trugen. Die Teilnehmer mussten einen Slalom fahren, rückwärts einparken, auf nur wenigen Metern wenden sowie vorwärts und rückwärts durch eine schmale Flaschengasse fahren, die rechts und links mit Holzklötzen bestückt war. Weiter war ein Tor aufgebaut, bestehend aus zwei Pfosten. Der Fahrer musste einschätzen, ob er mit seinem Auto durch das Tor hindurchpasste. Entschied er sich dafür, fuhr er rechts an dem Tor vorbei. Ging er davon aus, dass die Durchfahrt zu schmal sei, dann fuhr er links vorbei. Bei alledem kam es auf die Geschwindigkeit an. Außerdem durfte kein Pfosten oder Holzklotz angerempelt werden, da dies sonst Punktabzug bedeutet hätte.

Da stand ich nun mit meiner Ente. Die meisten Teilnehmer fuhren einen kleinen, wendigen Mini-Cooper, der die optimalen Voraussetzungen bot, diesen Parcours brillant zu bestehen. Mein 2 CV dagegen war relativ groß und unübersichtlich und eben eine „lahme Ente" (nur 28 PS). Darüber hinaus neigte sich mein Auto durch den außergewöhnlichen Federungskomfort bei rasanten Fahrten in den Kurven so stark zur Seite, dass ich aufpassen musste, die Begrenzungslatten nicht zu touchieren. Dadurch bot ich den Zuschauern ein spektakuläres Bild.

Die Teilnehmer frotzelten: „Hast du überhaupt so viel Benzin im Tank, dass du mitmachen kannst?"

Alle paar Wochen fand irgendwo in der näheren Umgebung ein Autoturnier statt, an dem ich teilnahm. Vorher übte ich fleißig in unserem Hof oder auf einem öffentlichen Fahrübungsplatz, um ein Gefühl für die Maße meines Autos zu bekommen. Es dauerte nicht lange, dann lehrte ich meine Konkurrenten das Fürchten. Auf meinem Regal wuchs die Anzahl der Pokale, die ich mit nach Hause brachte. Auch mit einer „Ente" kann man erfolgreich sein!

Mein Wunsch, Lkw zu fahren

Das Autofahren hat mich nie losgelassen. Einige Jahre später wuchs die Sehnsucht, einen Lkw zu fahren: Diese großen Laster, diese schiere Kraft, gepaart mit Freiheit und der Möglichkeit, die weite Welt zu sehen, faszinierten mich und zogen mich in ihren Bann.

Mir war klar, dass der Beruf des Lkw-Fahrers eine reine Männerdomäne ist. Für mich als Frau sah ich keine Chance, je da hineinzukommen. So haderte ich lange Zeit mit mir und überlegte, wie ich meine Leidenschaft zum Beruf machen könnte.

Gisela, eine gute Freundin, riet mir, den Lkw-Führerschein zu machen: „Was du hast, das kann dir keiner mehr nehmen, unabhängig davon, ob du ihn später einmal brauchst oder nicht", meinte sie. „Wenn dir so viel daran liegt und du Freude daran hast, dann leg los. Andere geben ihr Geld für drei Wochen Spanien-Urlaub aus, warum sollst du dir dann nicht die Freude gönnen, den Lkw-Führerschein zu machen?" Ich dachte: „Recht hat sie!" Gesagt, getan.

Für einen siebeneinhalb Tonnen schweren Lkw hätte ich in fast jeder Fahrschule eine Ausbildung machen können. Mein Traum war es jedoch, einen 40-Tonner zu fahren. „Nach der Ausbildung ist das Fahren eines großen Lkws für mich vorbei", so dachte ich jedenfalls damals. „Wer aber bildet mich auf einem 40-Tonner aus?"

Nach einigen Recherchen stieß ich auf das „Deutsche Kraftfahrt-Bildungsinstitut GmbH DKBI" in Haßloch/Pfalz. Dort meldete ich mich an, um den Führerschein auf einem „Großen" zu machen.

Nie werde ich den Moment vergessen, als ich das erste Mal in so einem großen Lkw saß. Es war ein unbeschreibliches Gefühl, vom Fahrerhaus, so weit oben sitzend, alles im Blick zu haben. Als ich später wieder in meinen Pkw stieg, kam es mir vor, als würde ich in einer Seifenkiste Platz nehmen.

Die Ausbildung war sehr spannend. Auf den schmalen Landstraßen in der Pfalz lernte ich das Fahren. Mein Fahrlehrer ermahnte mich: „Bei einem entgegenkommenden Lkw auf keinen Fall nach rechts ausweichen, sonst landen wir im Acker und kommen ohne fremde Hilfe nicht mehr heraus!" Weiter wies er mich an: „Achten Sie nur auf Ihre Spur! Ich kann Ihnen nicht in das Lenkrad greifen, da ich zu weit weg sitze. Also, unbedingt die Spur halten!"

Leichter gesagt als getan. Als mir das erste Mal ein Lkw entgegenkam, wurde mir ganz schön heiß. Vom Gefühl her hätte ich ausweichen wollen, aber die Worte meines Fahrlehrers, mit denen er mir einbläute, genau das nicht zu tun, waren deutlich genug. So ging ich vom Gas, hielt mit schweißnassen Händen krampfhaft das Lenkrad und richtete den Blick geradeaus. Am liebsten hätte ich für einen Moment die Augen geschlossen. Aber ich hielt die Spur. Zwischen meinem Außenspiegel und dem des entgegenkommenden Lkws waren nur wenige Zentimeter Platz, aber es reichte. Nach der ersten

Doppelstunde war ich ganz schön erschöpft. Die nervliche Anspannung war immens, das zeigte sich auch an meinem nassgeschwitzten Hemd. Das hielt mich aber nicht davon ab, weiterzumachen.

Langsam wurde ich sicherer, da spielte es auch keine Rolle, dass noch ein Anhänger mitgenommen wurde. Zu beachten war nur, dass ich bei Kurvenfahrten weiter ausholen musste und bei Überholvorgängen nicht gleich wieder nach rechts einscheren durfte. Die 18 m Länge müssen immer mitbedacht werden. Das Rückwärtsrangieren gehörte allerdings nicht zum Schulungsprogramm.

Die Prüfung bestand ich ohne Probleme. Als ich den Führerschein entgegennahm, freute ich mich riesig, allerdings auch mit etwas Wehmut. Im Stillen dachte ich: „Das war es jetzt, nie mehr werde ich einen Lkw fahren." Das war im Jahr 1986. Aber es sollte anders kommen.

2

DIE CHANCE

Meine ersten Fahrerlebnisse mit dem Lkw

Über die Turniere „Geschicklichkeit am Steuer" lernte ich Dirk kennen. Er besaß zwei Sattelzugmaschinen. Dirk hatte sich ein kleines Transportunternehmen aufgebaut und fuhr für Schausteller diverse Fahrgeschäfte wie Riesenräder und Achterbahnen von einem Festplatz zum nächsten, und das deutschlandweit, in die Beneluxländer und ins Elsass.

Wir kamen ins Gespräch. Da er von meinen Fahrleistungen im Parcours angetan war, durfte ich bei ihm aushilfsweise, meist am Wochenende, Lkw fahren. Man muss wissen: So ein Fahrgeschäft kann schon mal aus zehn und mehr Aufliegern/Anhängern bestehen, die so schnell wie möglich von A nach B transportiert werden müssen.

Warum schnell? Ganz einfach. Je eher die Auflieger am nächsten Festplatz ankommen, desto mehr Platz hat der Schausteller, sein Fahrgeschäft mittels Kran ungehindert aufzubauen, bevor die anderen Fahrgeschäfte daneben ebenfalls Platz zum Aufbauen ihrer Attraktionen beanspruchen.

Bei Dirk konnte ich eine Menge praktische Erfahrungen sammeln, wie das Fahren von Aufliegern mit Überlänge oder von Anhängern mit Mitlenkerachse. Dazu gehörten auch die Ladungssicherung und der Umgang mit Problemen wie Reifenpannen, einer defekten Lichtmaschine oder defekten Bremsen.

Es hätte auch passieren können, dass die Sattelzugmaschine nicht mehr ansprang. Also durfte ich den Lkw auf der gesamten Tour nicht ausgehen lassen (der Lkw war nicht mehr der Jüngste). Letztendlich musste man bei Dirk nicht nur fahren können, sondern auch gut zu Fuß sein, um zu telefonieren und Hilfe zu holen, denn Handys gab es zu der Zeit noch nicht. Wir schreiben das Jahr 1989.

Gott mit mir

Eines Nachts fuhr ich mit dem Sattelzug auf einem riesigen, nahezu leeren Festplatz mit hohem Tempo. In einer Kurve trat ich impulsiv und urplötzlich voll auf die Bremse, bis der Lkw zum Stehen kam. Im ersten Moment konnte ich mir nicht erklären, wieso ich das tat, denn vor mir war kein Hindernis zu sehen. Ich drehte mich verwundert um. Dann sah ich durch das Rückfenster (die Lafette, also der Auflieger, auf den zum Beispiel ein Container aufgesetzt werden kann, war leer), dass ich bei der Rechtskurve einen dort einsam geparkten Wohnwagen beinahe mit der hinteren Achse gerammt hätte. Zur Erklärung: Bei einem Sattelzug mit einer Länge von über 16,50 m spurt der Auflieger bei Kurvenfahrten weiter nach innen.

Die vordere der hinteren drei Achsen kam nur wenige Zentimeter vor dem Wohnwagen zum Stehen. Was mit dem Wohnwagen und den Menschen, die darin geschlafen haben, passiert wäre ohne meine Vollbremsung, möchte ich mir nicht ausdenken. Für mich war das kein Zufall. Das war eine höhere Macht! Denn ich hatte eine freie Strecke vor mir, und es gab für mich keinen Grund zu bremsen. Ich wunderte mich ja selbst, warum ich anhielt. Ich kann nur sagen: Gott sei Dank, der mich in dem Moment auf die Bremse treten ließ!

Die Faszination für das Lkw-Fahren ließ mich nicht mehr los und mein Wunsch, dies auch beruflich zu tun, wurde immer größer. Hinter diesem Wunsch steckte die Sehnsucht, aus der Enge des Alltags auszubrechen, die Welt zu entdecken und einen Hauch von Freiheit und Abenteuer zu erleben. Von Beruf bin ich gelernte Rechtsanwaltsfachangestellte. Aber der Büroberuf erfüllte mich nicht wirklich.

Als einige Bekannte von meinem neuen Berufswunsch hörten, meinten sie: „Lass die Finger von dem Beruf, das ist nicht dein Niveau!

Von den primitiven Kerlen wirst du nur blöd angemacht." Typisches Klischeedenken! In der Realität zeigten sich diese „Kerle" mir gegenüber ganz anders. Ich wollte unbedingt Lkw fahren; all die Einwände interessierten mich nicht. So bewarb ich mich bei verschiedenen Speditionen – wie ich erwartet hatte, ohne Erfolg. Als Begründung wurde mir gesagt: „Sie sind Berufsanfängerin und Frau ..."

Hoffnungsvolle Aussichten

Ich war schon fast am Resignieren, als mich am 14.09.1989 der Anruf eines Spediteurs erreichte: Über einen Bekannten erfuhr er, dass ich den Lkw-Führerschein habe. Sein Fahrer sei frech zur Polizei gewesen und habe die Polizeistation demoliert, worauf er verhaftet und der Lkw bis zur Zahlung der Strafe beschlagnahmt worden sei. Der Lkw stünde jetzt in der Schweiz in Bellinzona auf dem dortigen Polizeiparkplatz.

Dem Spediteur war es offensichtlich egal, ob ich Männlein oder Weiblein bin. Wichtig war einzig und allein, dass die Fracht schnellstens weiter nach Italien gefahren wurde. Er fragte mich, ob ich diese Tour übernehmen kann. Er würde mich um 22.00 Uhr mit seinem Pkw abholen und nach Bellinzona fahren. Dort könnte ich dann den Lkw übernehmen. Ich überlegte nicht lange und sagte begeistert zu.

Auf nach Italien – meine erste Auslandsfahrt

Es war früh am Morgen, als wir in Bellinzona ankamen. Mein künftiger Chef löste den Lkw aus, kündigte dem Fahrer, übergab mir einen Stapel Zollpapiere mit dem Hinweis: „In Chiasso, an der Grenzstation zu Italien, wird Ihnen schon irgendjemand weiterhelfen. Die Betriebsanleitung liegt im Lkw, gute Fahrt!"

So stand ich nun da, in der einen Hand einen Stapel Zolldokumente, von denen ich keine Ahnung hatte, in der anderen Hand meine Reisetasche. „Jetzt oder nie", dachte ich, „das ist meine Chance!" Man könnte auch so sagen: Das war der Sprung ins kalte Wasser. Hier war ich auf mich allein gestellt. Bei Dirk sind wir meistens im Konvoi gefahren. Ich sprach mir Mut zu nach dem Motto: „Tausend andere können das, warum sollst du das nicht auch lernen?", und bat Gott um Hilfe.

So näherte ich mich respektvoll dem Lkw, es war ein 1224 Benz Jumbo mit Tandemanhänger. Damit fuhr ich auf dem großen Polizeiparkplatz, der zu der frühen Uhrzeit, um etwa 6.00 Uhr morgens, noch recht leer war, Slalom, um zu sehen, wie der Tandemanhänger beim Kurvenfahren reagierte. Denn bei engen Kurven holt diese Art von Anhänger hinten sehr weit aus. Das muss man wissen und beim Kurvenfahren berücksichtigen, sonst wird es für den Chef teuer, und für mich wäre es wahrscheinlich die letzte Fahrt gewesen. „Ob der Lkw 8 oder 16 Gänge hat, wird sich beim Fahren herausstellen", sagte ich mir. Wichtig waren für mich Hupe, Bremse und Licht. Nach dem Einstellen der fünf Außenspiegel – nicht um mich darin besser sehen zu können, sondern um den toten Winkel, welcher beim Lkw recht groß ist, so klein wie möglich zu halten – ging es los in Richtung Chiasso, Italien.

An der Grenze in Chiasso reihte sich Lkw an Lkw. Ich hatte keine Ahnung von Zollformalitäten. Fremde Kollegen halfen mir, den Laufzettel auszufüllen. Die Zöllner sahen mir wohl an, dass ich mit der Materie nicht vertraut war, und zeigten sich geduldig. Im Schritttempo ging es vorwärts – vom Schweizer zum italienischen Zoll, Lkw für Lkw. Dort erlebte ich ähnliche Papierformalitäten. Die Zollprozedur konnte je nach Lkw-Aufkommen schon mal mehrere Stunden in Anspruch nehmen.

Die Fracht musste nach Mailand; der hierfür zuständige Zollhof befand sich in dem Dorf Concorezzo. Auf meinen Papieren stand „Dogana". Ich ging davon aus, dass es sich um einen Vorort handelte. Ein Kollege erklärte mir dann, dass „Zoll" auf Italienisch „Dogana" heißt. Wie froh war ich über diesen Hinweis! Der kleine Ort Concorezzo in der Lombardei mit seinen ca. 15 000 Einwohnern war auf meiner Straßenkarte, auf der der ganze italienische Stiefel zu sehen war, leider nicht eingezeichnet. Ein Kollege, der meine ersten „Gehversuche" im Fernverkehr mitbekommen und wohl meinen fragenden Blick bemerkt hatte, bot mir an – da er zufällig eine ähnliche Strecke zu fahren hatte –, vor mir herzufahren. Über Funk instruierte er mich, welche Abfahrt ich nehmen musste und worauf ich achten sollte, um den Zollhof zu finden: „Immer dem Schild ‚Dogana' nach!" Endlich spätabends bin ich in Concorezzo angekommen; der Zollhof war bereits geschlossen. Aber ich bin angekommen, und das war die Hauptsache!

Auf dem Zollhof

Vor dem Zollhof befand sich ein riesiger, mehrere Fußballfelder großer, bewachter Lkw-Parkplatz, der mit einem etwa vier Meter hohen Drahtzaun eingezäunt war, inklusive Wachhäuschen. Der Parkplatz war mit hellem Flutlicht beleuchtet, auch liefen Wachleute Patrouille. Der Platz wirkte wie ein Hochsicherheitstrakt und war natürlich gebührenpflichtig. Ich überlegte, wie ich die Kosten für den Parkplatz sparen könnte, und entschied: „Ich parke vor dem Parkplatz. So haben die Wachleute meinen Lkw auch im Blick und könnten einen Diebstahl der Ladung oder eine Beschädigung der Plane verhindern." Als ich das einem Kollegen erzählte, belehrte er mich: „Fahr bloß in den ‚Käfig'" – so nennt man den bewachten Parkplatz – „sonst organisieren die Wächter einen, der deine Plane aufschneidet, damit du das nächste Mal auf den bewachten Parkplatz fährst." Ich war entsetzt und fuhr sogleich in den besagten „Käfig". Eine beschädigte Plane hätte mir großen Ärger beschert und einen enormen Zeitaufwand bei der Zollabfertigung verursacht, da man wohl vermutet hätte, dass ich Ware geschmuggelt haben könnte.

Im „Käfig" gab es auch sanitäre Anlagen. Nach einer kalten Dusche am frühen Morgen, die mir den Kaffee ersetzte, fuhr ich in den Zollhof ein. Hier hatten sich unzählige Lkws versammelt. Bis die

Zolldokumente bearbeitet waren, hatte ich eine Wartezeit von knapp einem halben Tag. Ich rief im Büro an, um meinen Standort mitzuteilen, reinigte den Lkw, trank einen Kaffee und unterhielt mich mit Kollegen, die auch auf ihre Papiere warteten.

Ich war naiv und dachte, meine Straßenkarte, auf der der ganze Stiefel aufgezeigt war, sei völlig ausreichend. Nun wurde ich eines Besseren belehrt. Wie mir ein Kollege erklärte, war diese Karte für einen Berufsfahrer, der zum Be- oder Entladen in die kleinsten Dörfer fahren musste, völlig untauglich. Er zeigte mir die „grünen Bücher", die nur in Italien erhältlich sind. Es sind exzellente Straßenkarten, auf denen wirklich jedes noch so kleine Dorf eingezeichnet ist. Super! Sogleich kaufte ich mir eines. Jetzt würde ich mich sicher zurechtfinden. Zu jener Zeit gab es noch keine Navigationsgeräte, man war daher auf gute Straßenkarten angewiesen!

Ein anderer Kollege brachte mir vier wichtige Worte auf Italienisch bei: „Domani mattina alle otto." Übersetzt heißt das: „Morgen früh um acht Uhr." Wenn man nachmittags nach 17 Uhr auf ein Firmengelände kam, hieß es: „Domani mattina alle otto." Das merkte ich mir gut.

In Italien begann die Arbeitszeit nicht vor 8 Uhr morgens und endete auch immer pünktlich um 17 Uhr. Das war für mich als Lkw-Fahrerin sehr praktisch. So konnte ich mich darauf einstellen, dass ich entweder vor 17 Uhr an meinem Ziel ankam, oder ich suchte – falls das nicht zu schaffen war – die letzte Raststätte vor der Autobahnabfahrt auf, um dort zu übernachten. Meinen „Dienstbeginn" am nächsten Morgen richtete ich mir zeitlich so ein, dass ich um 8 Uhr bei der Firma eintraf. In Deutschland ist es möglich, beinahe den ganzen Tag und die ganze Nacht zu be- und entladen, was für den Fahrer oft puren Stress bedeutet.

Nach den Zollformalitäten fuhr ich weiter zur Abladestelle. Anschließend telefonierte ich mit meinem Chef, um mir die Ladeadresse für die Rückladung nach Deutschland geben zu lassen. Anders als heute musste man damals zum Telefonieren erst einmal Lire in Gitone – so nannte man die Telefonmünzen – eintauschen und nach einem Telefon fragen. Dies war alles recht umständlich und zeitaufwendig.

Die Rückfracht war für die Firma Freudenberg in Weinheim bestimmt. Da in der Schweiz von 22 Uhr bis 5 Uhr Fahrverbot für Lkws besteht, fuhr ich erst mal nur bis Luzern und verbrachte dort die Nacht auf einem Parkplatz, was angesichts der hinter mir liegenden Strecke gar nicht so schlecht war. Am nächsten Morgen ging die Fahrt weiter über Basel nach Deutschland. Am Grenzübergang wurde ich von einem sehr unfreundlichen, mürrisch blickenden Zöllner abgefertigt.

Nach meiner ersten Auslandsfahrt war ich von den vielen neuen Eindrücken und Erfahrungen doch ganz schön erschöpft und zugleich überaus glücklich, als ich gegen Mittag auf den Betriebshof in Schwetzingen einfuhr und aus dem Lkw stieg.

3

DIE ANFÄNGE ALS
BERUFSKRAFTFAHRERIN

Mein Arbeitgeber

Nachdem ich den Lkw „heil" zurückgebracht hatte, wurde ich fest eingestellt. Vor Freude hätte ich in die Luft springen können. Das freie Wochenende genoss ich und stellte mich mental ganz auf meinen neuen Beruf ein.

Bei der Spedition handelte es sich um ein Familienunternehmen mit Lagerhaltung und einem Fuhrpark von circa zehn großen und kleineren Lkws. Der Sohn war für die Disposition, die Mutter für die Buchhaltung und der Senior für die Werkstatt zuständig. Letzterer lief fast nur im „Blaumann" herum, sodass ich ihn anfangs für einen Arbeiter hielt. Hier ging fast alles Hand in Hand, bei Engpässen sprang der Seniorchef auch mal als Fahrer ein.

Da ich von einer großen, renommierten Mannheimer Wirtschaftskanzlei kam, war ich im Berufsleben ein geordnetes Arbeiten und einen gediegenen und feinen Umgangston gewohnt. Das war im Speditionsgewerbe ganz anders. Der Unterschied hätte nicht größer sein können. Als ich an dem Morgen das Büro der Spedition betrat, hielt der Juniorchef an jedem Ohr ein Telefon, in das er abwechselnd Instruktionen erteilte, gleichzeitig lehnte er sich aus dem Fenster und schrie einem Fahrer oder Lagerarbeiter über den Betriebshof noch etwas hinterher. Die auf dem Schreibtisch befindliche Kaffeetasse war über den Rand gefüllt, und der Aschenbecher schien schon seit Tagen nicht mehr geleert worden zu sein. Das Ganze machte auf mich einen ziemlich hektischen und chaotischen Eindruck. Ich gebe zu, dieses

„Flair" kennenzulernen war für mich etwas gewöhnungsbedürftig. Ich war froh, nicht im Büro arbeiten zu müssen, sondern freute mich auf das Unterwegssein mit dem Lkw, nach dem Motto: Nichts wie weg!

Ist es Gottes Wille, dass ich Lkw fahre?

Auf einer meiner ersten Fahrten überlegte ich, ob es denn wirklich dem Willen Gottes entspricht, dass ich in diesem Beruf arbeite. In der Bibel, die für mich die Richtschnur für ein erfülltes Leben ist, habe ich hierzu keinen Hinweis gefunden. Wie auch? Zu der Zeit, als die Bibel geschrieben wurde, gab es ja noch keine Lkws. Wie also sollte ich eine konkrete Antwort finden?

Als ich eines Tages bei einer Ladefirma ankam, musste ich auf dem dortigen Betriebsgelände noch etwas warten, bis ich an der Reihe war. Und wie ich so überlegte und im Stillen betete, sprach mich just ein Gabelstaplerfahrer an, der eigentlich nur an mir vorbeifahren wollte. Er wurde aber auf meinen christlichen Aufkleber aufmerksam, der an meiner Windschutzscheibe angebracht war. Der Staplerfahrer zeigte sich sehr interessiert am christlichen Glauben und stellte mir viele Fragen über Gott, die Bibel und Jesus Christus. Wir unterhielten uns eine Zeit lang angeregt über den Glauben. Im Rückblick hoffe ich, dass ich für ihn ein kleiner Wegbereiter auf dem Weg zu Jesus Christus sein konnte.

Diese Begegnung hat mich darin bestärkt, dass ich in diesem Beruf richtig bin.

Außerdem kann ich rückblickend sagen: Ich war nie allein, Christus war immer bei mir, egal, was war. Seinen Schutz und seine Hilfe durfte ich auf vielfältige Weise erfahren. Das gilt auch heute noch. So bestätigt sich das Bibelwort: „Und siehe, ich bin alle Tage bei euch bis an der Welt Ende" (Matthäus 28,20; LUT).

Endlich „mein" Lkw

Nach der Probezeit wurde mir ein Lkw zugeteilt der Marke DAF 3600 (360 PS) Topsleeper, Jumbo mit einem 3-Achs-Anhänger, den nur ich fahren durfte. Mit einer Laufleistung von rund 500 000 km war er zwar nicht mehr ganz taufrisch, aber das spielte für mich keine Rolle. Die Hauptsache war: „Groß und mein."

Ich gestaltete den Innenraum so um, dass er zu meiner Zweit-wohnung wurde. Nach einer gründlichen Innenreinigung richtete ich das Fahrerhaus gemütlich ein. Am oberen Rand der Scheiben be-festigte ich ein kleines, weiß gehäkeltes Spitzenvorhängchen und be-stückte den Lkw mit Musikkassetten, die ich während der Fahrt hören konnte. Hinzu kam eine Kiste mit Straßenkarten und Stadtplänen. Diese platzierte ich auf der Mittelkonsole, während meine Reisetasche ihren Platz auf der Beifahrerseite fand. Weiter verstaute ich noch Lese-material in den Ablagefächern. Tatsächlich hatte ich zum Lesen meis-tens keine Zeit oder war ganz einfach zu müde. Das war aber nicht wei-ter schlimm. Die Hauptsache war das Fahren. Außen befestigte ich am Kühlergrill einen kleinen bunten Blumenstrauß aus Stoff, bestehend aus knallrotem Klatschmohn und tiefblauen Kornblumen, die von leuchtend gelben Getreideähren eingerahmt waren. Meine „Galions-figur" wurde von einer rot-weiß karierten Stoffschleife zusammen-gehalten. Natürlich durfte das Polieren „meines" Lkws nicht fehlen. Am Wochenende konnte ich mich damit stundenlang beschäftigen, treu nach dem Motto: „Aus Alt wird Neu." Ich war hoch motiviert und voller Freude, endlich einen mir fest zugewiesenen Lkw zu fahren.

Da ich für Gottes Liebe unendlich dankbar bin, durfte ein Aufkleber mit einem Bibelvers auf der Frontscheibe nicht fehlen. Ich entschied mich für das Zitat: „Jesus spricht ...: Ich bin der Weg und die Wahrheit und das Leben. Niemand kommt zum Vater als nur durch mich" (Johan-nes 14,6; ELB). Der Vers hat für mich eine besondere Bedeutung – doch dazu später. Vor dem Losfahren betete ich jeden Morgen zu Gott, dass er den Lkw mit lenken möge. Er ist derjenige, der allein mich vor Unfall und Gefahr schützen kann. Denn mein Leben liegt in seiner Hand.

Das Rückwärtsrangieren will gelernt sein

In den Anfängen meines „Lkw-Fahrer-Lebens" hatte ich größte Schwierigkeiten, den Anhänger an die Rampe zu rangieren. Der Seniorchef erklärte sich bereit, an einem Samstag mit mir das Rückwärtsrangieren zu üben. Zu meinem Bedauern kam immer wieder etwas dazwischen, respektive es war einfach keine Zeit. Entweder musste er dringend einen Lkw reparieren, selbst als Fahrer einspringen oder die Spesen seiner Fahrer abrechnen.

An einem kalten Dezembertag bin ich in aller Frühe nach Petersau in der Nähe von Frankenthal gefahren. Gegen Mittag sollte mein Lkw beladen werden. Nun versuchte ich todesmutig, den Anhänger an die Rampe zu rangieren. So ganz ohne Vorkenntnisse ging das natürlich schief, im wahrsten Sinne des Wortes. Schon wie ich mit dem Hängerzug hinfuhr, um rückwärts den Anhänger an die Rampe zu schieben, zeigte jedem Profi, dass ich blutige Anfängerin war. So sah es auch Wolfgang, ein Fahrer der Spedition Fries, der dort auch zu tun hatte. Kurz entschlossen rangierte er mir den Anhänger gekonnt an die Rampe.

Während des Ladevorgangs, der von den dortigen Arbeitern vorgenommen wurde, zeigte mir Wolfgang anhand zweier Zigarettenschachteln – eine Zigarettenschachtel symbolisierte den Motorwagen, die andere den Anhänger –, worauf ich beim Rangieren zu achten habe. Ich lernte, wie ich den kompletten Zug in Stellung bringen muss, um mittels der Außenspiegel den größten Blickumfang zu haben. Beim Rückwärtsrangieren von Lastzügen orientiert man sich immer nach den Außenspiegeln. Ich erfuhr, wie ich das Lenkrad einschlagen muss, damit der Anhänger so reagiert, wie ich es haben möchte. Ein Profi kann den Anhänger bis auf den Zentimeter genau platzieren.

Dankbar nahm ich die Hilfe des Kollegen an. So, nun hatte ich das ganze Wissen im Kopf! Mit ein bisschen Übung und anfangs ein wenig flauem Gefühl im Magen fing das Rückwärtsrangieren an, mir richtig Spaß zu machen.

Wenig später konnte ich den Hängerzug auf allen möglichen und nahezu unmöglichen Betriebshöfen rückwärtsrangieren. Dafür erhielt ich Lob und Anerkennung von Kollegen, Lagerarbeitern und Firmenchefs. Oft, wenn ich auf irgendeinem Betriebshof angefahren kam, hingen die Angestellten an den Fenstern, um zu sehen, ob und wie eine Frau den Lkw mit Anhänger an die Rampe rangieren würde. Das Staunen war groß und nicht selten von Beifall begleitet. So erwarb ich mir beim Rückwärtsrangieren großen Respekt. Ja, es machte mir immer mehr Freude, und je enger und verwinkelter die Einfahrten waren, desto größer war mein Ehrgeiz, die Herausforderung zu meistern.

Bei einem Lkw-Turnier auf dem Plaza-Parkplatz in Schwetzingen lehrte ich die übrigen Teilnehmer beim Rückwärtsrangieren das Fürchten. Schnurgerade und ohne zu korrigieren habe ich den Hängerzug fehlerlos zurückgerichtet.

Allerdings muss ich gestehen, dass es mir bei meiner Tätigkeit auch schon gelungen ist, einen Gartenzaun „umzumähen".

4

AUS DEM „NÄHKÄSTCHEN" GEPLAUDERT

Das Be- und Entladen

Obgleich das Be- und Entladen des Lkws eigentlich nicht zu den Aufgaben eines Fahrers gehört, gab es immer wieder Situationen, in denen ich diese für mich als Frau anstrengende Arbeit übernehmen musste, zum Beispiel 38, Paletten zu verladen. Die mit Cellophan eingeschweißten Paletten klebten so fest aneinander, dass es mir nur mit äußerster Anstrengung gelang, diese millimetergenau nebeneinanderzustellen. Hurra, ich hatte es geschafft! Ich wollte nicht klagen, denn mir war klar: Wer in einer Männerdomäne arbeiten will, der muss auch wie ein Mann zupacken können! Das Be- und Entladen gehört zwar rechtlich nicht dazu, aber wenn sich ein Fahrer dem Kunden widersetzte, hätte das für meinen Chef bedeuten können, dass dies der letzte Speditionsauftrag war, und das wollte ich unter keinen Umständen. Ich tat, was man von mir erwartete, nach dem Motto: „Den Letzten beißen die Hunde."

Mit Kollegen funken

Lkw-Fahrer, die im internationalen Fernverkehr arbeiten, sind auf Transitstrecken quer durch Europa unterwegs. Sie fahren viele Stunden hintereinander her. Dies kann mitunter sehr eintönig und ermüdend sein. Damit die Zeit am Steuer schneller vergeht, ist es üblich, sich mit einem vor oder hinter einem fahrenden Kollegen über

Funk zu unterhalten. Der Kanal 9 ist dafür da, wichtige Informationen an die Kollegen weiterzugeben, wie Stau, Polizeikontrollen, Streik der Zöllner und damit einhergehende Wartezeiten.

Bei den Wartezeiten konnte es sich schon mal um Stunden oder sogar Tage handeln, die man einkalkulieren musste. In dem Fall war es wichtig zu wissen, wo noch Parkplätze frei waren, um zumindest nicht auf sanitäre Anlagen und Essensmöglichkeiten verzichten zu müssen. Notfalls musste ich auf der Standspur parken. Das bedeutete den Verzicht auf sanitäre Anlagen. Dennoch gelang es mir, meine Intimsphäre zu schützen. Wie, das bleibt mein Geheimnis. Jedenfalls war es für mich ein gutes Gefühl, diesbezüglich immer autark zu sein.

Zurück zu unseren Funkgesprächen. Falls ich mich mit einem Kollegen privat unterhalten wollte, wechselten wir den Kanal, um den Verkehrsfunk freizuhalten. Auf diese Weise konnten wir während der Fahrt stundenlang Gespräche über alles Mögliche führen. Wir unterhielten uns im wahrsten Sinne des Wortes über „Gott und die Welt". Aufgrund meines Aufklebers wurde ich öfters auf meinen Mut machenden und hoffnungsvollen Glauben angesprochen und freute mich, anderen von der unendlich großen Liebe, mit der mich Gott umgibt, erzählen zu können.

Ein Lkw ist kein Haus

Ein Lkw ist kein gemütliches Appartement. Die Abwärme des Motors und die Hitze im Sommer machten das Schlafen manchmal fast unmöglich. Hinzu kam, dass es schon an ein Wunder grenzte, wenn man mit einem 18 m langen Lkw einen schattigen Parkplatz fand.

Im Winter war es genau umgekehrt. Die Abwärme des Motors, die sich im Fahrerhaus verteilte, hielt maximal ein bis zwei Stunden an. Anschließend drang die Kälte erbarmungslos in das Innere. Ich hatte zwar eine Standheizung, traute mich aber nicht, diese über Nacht anzulassen wegen der für mich nicht völlig auszuschließenden

Brandgefahr; außerdem brummte sie unangenehm. Dann lieber frieren. Ein „Indianer" kennt eben keinen Schmerz.

Nach einigen eisigen Nächten bei mehr als minus sechs Grad Celsius beschloss ich – Indianer hin, Indianer her –, falls dies möglich war, im Motel zu übernachten. Denn um am nächsten Tag mein Arbeitspensum zu bewältigen, war es wichtig, gut geschlafen zu haben!

Zöllner sind eine besondere Spezies Mensch

Die Zollabfertigung in der Schweiz beginnt um 5:00 Uhr morgens. Auf dem Weg nach Italien wurde ich an der Grenze in Basel von einem unfreundlichen, vollbärtigen Schweizer Zöllner abgefertigt, der mich anwies, die Zollpapiere im Büro überprüfen zu lassen. Ich reihte mich in die Schlange der wartenden Lkw-Fahrer ein, um zu erfahren, dass mit den Papieren alles in Ordnung war. Der Beamte verstand nicht, warum ich in das Büro geschickt worden war.

Der vollbärtige Zöllner schickte mich mit dem Lkw zum Ende des Zollhofs, worauf der an der Ausfahrt befindliche Beamte einen Telefonanruf – offensichtlich von dem „Bärtigen" – erhielt. Ein Kollege aus unserer Firma war einige Lkws hinter mir und sah, wie der „Bärtige" das Telefon in die Hand nahm und nach vorne telefonierte, wo ich mich mit meinem Lkw befand. Der dortige Beamte wies mich an, wieder an den Zollanfang zurückzufahren, was mit Lkw und Anhänger entgegen der Fahrtrichtung und bei den beengten Platzverhältnissen auf dem Zollhof nicht einfach war.

Nun ging das Prozedere wieder von vorne los. Auf diese Weise verlor ich über zwei Stunden! Ich war verärgert, zumal es keinerlei Grund gab, die Zollabwicklung zu verzögern und mich derart hinzuhalten. Meine Frage an den „Bärtigen", was das Ganze sollte, wurde lediglich mit einem Achselzucken beantwortet. Vermutlich hatte er etwas gegen Frauen und ließ seinen Frust an mir aus.

Kurze Zeit später, als ich wieder in Richtung Süden unterwegs war und diese Zollstation passieren musste, zog mich der bärtige Beamte erneut aus der Schlange heraus. Er bemängelte die Plomben an meinem Lkw und zischte mich wütend an. Ich schaute ihn mit großen Augen an, konnte aber selbst keine Mängel feststellen. Die Plomben sahen aus wie immer, auch war alles gut verzurrt. Außerdem hatte ich keine Öse an der Plane ausgelassen. Er konterte vehement und beharrte darauf, dass sie falsch angebracht seien. „Falsch, falsch!", schrie er immer wieder. Als er keine Ruhe gab, entfernte ich die Plomben. Sollten sie tatsächlich falsch sein, könnte er richtige Plomben anbringen, dachte ich mir, und wollte sie ihm in die Hand legen. Er tobte und schrie vor Entsetzen, als ob ich ihm heiße Kartoffeln in die Hand gedrückt hätte. Er brüllte: „Sehen Sie zu, wie Sie weiterkommen!" Er drehte sich um und ließ mich stehen.

Was sollte ich jetzt tun? Ich war ratlos. Ein anderer Zöller, den ich ansprach, zeigte sich desinteressiert. Meinen Chef anzurufen hatte wenig Sinn. Was könnte er, 300 km weit entfernt, ausrichten? Ich war am Verzweifeln. Wie kam ich weiter? Mir war elend zumute. Am liebsten hätte ich mich an den Straßenrand gesetzt und geheult. Aber dafür war keine Zeit, schließlich musste die Fracht weiter nach Italien.

Ich nahm all meinen Mut zusammen, lief zu dem „Bärtigen" und forderte ihn mit fester Stimme auf, mir zu sagen, was zu tun sei. Mein Gedanke war: „Schließlich muss er als Zöllner wissen, wie es für mich weitergeht." Mit missmutigem und nahezu hasserfülltem Gesichtsausdruck sah er mich an und grollte: „Sie haben mir damit richtig viel Arbeit gemacht. Ich muss neue Plomben besorgen und die Papiere umschreiben." Das hatte ich nicht gewollt. Offenbar hatte ich das Spielchen nicht durchschaut und mein Gegenüber allzu ernst genommen. Nach einiger Zeit kam der „Bärtige" wieder mit neuen Plomben und Papieren, und ich konnte endlich weiterfahren.

Nach diesem Vorkommnis hatte ich nie mehr Probleme mit dem „Bärtigen". Offenbar war die von mir nicht beabsichtigte Mehrarbeit für ihn eine Lehre. Von diesem Zeitpunkt an ließ er mich in Ruhe. Gott sei Dank!

Und überhaupt: Kleider machen Leute – das gilt besonders für Uniformen, vor allem für die der Zollbeamten. In Uniform kamen sich manche offenbar vor wie Halbgötter – das war zumindest mein Eindruck.

Manche Zöllner ließen uns sehr deutlich spüren, dass wir Lkw-Fahrer auf ihre Unterstützung angewiesen sind, insbesondere am Wochenende. Die Kollegen, deren Familien zu Hause auf sie warteten, wollten natürlich so schnell wie möglich, noch vor dem Fahrverbot für Lkws am Wochenende, zu Hause sein. Manchmal wurden die Zollpapiere so langsam abgewickelt, dass dies durchaus als Provokation verstanden werden konnte. Stellenweise holten die Zöllner im Zeitlupentempo die Formulare aus der Schublade, oder man hätte beim Laufen ihre Schuhe neu besohlen können. Insofern ist es nicht verwunderlich, dass hin und wieder ein Kollege einen Zöllner an der Krawatte seiner Uniform packte ...

Ein Stadttor mit Hindernis

Es war kurz vor Weihnachten, als ich nahe der norditalienischen Stadt Udine geladen hatte und wieder in Richtung Autobahn fuhr. Vor mir gab es zwei Richtungshinweise. Ich musste in Sekundenschnelle entscheiden, ob ich nach rechts oder nach links abbiegen wollte. Hinweise, welcher Weg für einen 40-t-Lkw geeignet ist, gab es nicht. Ich entschied mich, rechts abzubiegen.

Nach einigen Kilometern Fahrt sah ich vor mir ein mittelalterliches Rundbogentor, das wunderschön mit weihnachtlichen Lichterketten bestückt war. Als damals noch unerfahrene Lkw-Fahrerin sah ich es mit den Augen einer Touristin und war hellauf begeistert. Je näher ich allerdings dem Tor kam, desto mehr wich meine Begeisterung und schlug schließlich um in blankes Entsetzen. Das Schild vor mir zeigte an, dass hier lediglich Fahrzeuge bis zu einer Höhe von maximal 3,50 m durch das Tor passen. Mein Lkw aber war 4 m hoch. Was nun?

Eine Weiterfahrt war unmöglich. Um zu wenden, war die Straße zu schmal, und zurückrangieren ging auch nicht, da es bereits dunkel war und der Lkw keine Rückfahrscheinwerfer hatte. Rechts sah ich eine Wiese, auf der offensichtlich schon mehrere Lkws gewendet hatten. Dort war für mich die einzige Möglichkeit zu drehen. Ich hoffte inständig, dass der Motorwagen mit dem Drei-Achs-Anhänger nicht in dem nassen Gras versinken würde und ich ohne Probleme in Gegenrichtung auf die Straße käme.

Gesagt, getan. Ich wendete. Kurz bevor die Antriebsräder des Motorwagens auf der befestigten Straße aufsetzten, drehten prompt die Räder durch. Die Differenzialsperre, die dafür sorgt, dass die Schubkraft gleichermaßen auf beide Antriebsräder verteilt wird, funktionierte nicht. Bevor ich auf die Straße fahren konnte, ging es von der Wiese aus minimal, für das Auge kaum erkennbar, bergauf. Die geringe Steigung reichte, um die Räder durchdrehen zu lassen, nur wenige Zentimeter von der befestigten Straße entfernt. Damit die Räder sich nicht weiter eingruben, legte ich den Rückwärtsgang ein und nahm erneut Anlauf. Der Schlamm spritze nach rechts und links. Es half alles nichts: Die Räder griffen nicht! Inzwischen ertönte ein Hupkonzert von den auf der Straße wartenden Pkws, da ich mit dem vorderen Teil meines Lkws die schmale Landstraße blockierte. Ich war außer mir, startete sogleich einen dritten Anlauf, und wieder drehten die Räder durch. Vor meinem geistigen Auge sah ich schon die Polizei kommen und einen Kranwagen, der den Lkw aus der nassen Wiese herauszog. Ich hatte auch schon die Stimme meines Chefs im Ohr: „Frau Blohm, wie können Sie nur!" Ich fühlte mich hilflos und wusste nicht mehr weiter. In meiner Verzweiflung rief ich zu Gott: „Herr Jesus, bitte hilf!" Urplötzlich griffen die Räder. Es gab einen Ruck, und mit einem Mal stand ich auf der Straße. Mir fiel eine zentnerschwere Last vom Herzen. Ich wusste: Hier war eindeutig Gott am Werk. Lobe den Herrn! Für mich hat sich erneut das Bibelwort bestätigt: „Rufe mich an in der Not, so will ich dich erretten, und du sollst mich preisen" (Psalm 50,15; LUT).

Ein Bote Gottes

Gegen 21 Uhr befand ich mich in der Nähe des Abladeortes bei Mailand und suchte mir zum Übernachten ein „schönes Plätzchen", denn es war höchste Zeit, Feierabend zu machen. „Schönes Plätzchen" war jedoch gut gesagt. Mit einem 18 m langen Lkw hatte ich lediglich die Möglichkeit, am Straßenrand zu parken. Da es schon dunkel war, knipste ich die Innenbeleuchtung an und sah mir die Route an, die ich am nächsten Morgen zu fahren hatte. Ich stellte meinen Wecker so, dass ich gegen 8 Uhr bei der Firma eintreffen würde, sofern alles gut ging. Während ich noch in der Straßenkarte versunken war, klopfte es an meiner Scheibe.

Ich erschrak. Vor mir stand ein Mann, dessen Gesicht auf Augenhöhe mit dem meinen war. Das Fahrerhaus des Lkws hatte ich immer verriegelt, so auch jetzt. Also, passieren konnte nichts. Ich drehte die Seitenscheibe etwas nach unten, um zu fragen, was er wolle. Er sprach gebrochen Deutsch und fragte mich, wo meine Abladestelle sei, und bot an, mich zu der Firma zu lotsen. Mir war das nicht ganz geheuer. Ich fragte mich: „Was will dieser fremde Mensch von mir? Meint er es tatsächlich ehrlich und will mir helfen?" Ich erklärte ihm, dass mir mein Standplatz sicher erscheine und ich am nächsten Morgen bei Tageslicht die Firma bestimmt gut finden werde.

Er war der Ansicht, dass es besser wäre, wenn ich hier nicht übernachte. Mailand sei ein zu gefährliches Pflaster, um mit dem Lkw am Straßenrand stehen zu bleiben. Die Ladung sei leichte Beute und biete Anreiz, mich zu überfallen. Ich dachte: „Aha, so ist das." Ich ließ mich überzeugen und teilte ihm die Adresse mit, wo die Ladung hinmusste. Der Mann erklärte mir, dass er zu der Firma fahren und sich erkundigen werde, ob ich mit dem Lkw auf dem Firmengelände übernachten könne. Er käme dann zurück, um mich dorthin zu begleiten. Ich war unsicher, ob seine Motive tatsächlich lauter sind. Falls ja, dann wäre das für mich eine große Hilfe. Und wenn nicht? Ich war verhalten optimistisch. Angst hatte ich keine, da ich mich in meinem Lkw sicher fühlte. Ich wartete. Nach einer guten halben

Stunde kam der Pkw-Fahrer tatsächlich zurück und meinte, ich solle ihm folgen.

Ich tat, wie mir geheißen wurde, und fuhr hinter ihm her. Er brachte mich tatsächlich zu der Firma, bei der ich abladen sollte. Der Pförtner wusste auch schon Bescheid, öffnete das große Rolltor und ließ mich hineinfahren.

Ich bedankte mich bei dem Pkw-Fahrer und fragte ihn, wie er dazu käme, mir zu helfen. Er meinte, er sei selbst Fernfahrer und wisse um die Gefahren auf der Straße. Ich dankte ihm nochmals für seine Fürsorge und Freundlichkeit. Ein von Gott gesandter Engel!

Auf dem Firmengelände empfing mich der Pförtner und lud mich ein, zusammen mit seiner Familie zu Abend zu essen. Da ich nur wenige Brocken Italienisch sprach, unterhielten wir uns mit Händen und Füßen. Ich war sehr froh und dankbar für die Gastfreundschaft, die mir entgegengebracht wurde, und fühlte mich wohl und geborgen. Zurück in meinem Lkw schlüpfte ich in mein Lammfellbett und schlief tief und fest bis zum nächsten Morgen.

Während des Abladens am nächsten Morgen konnte ich mich zum Duschen zurückziehen. Das war herrlich! Ach, das Leben ist schön!

Eine Frau hinter dem Steuer eines Lkws – erstaunlich?

Wenn mich ein Reisebus überholte und ein Fahrgast mit dem Finger zu mir zeigte, drehten sich flugs – wie beim Tennisspiel – alle Gesichter in meine Richtung. Sie winkten mir zu, und ich winkte freundlich zurück. Es wunderte mich, dass ich im fortschrittlichen Europa als Lkw-Fahrerin offensichtlich wie ein bunter Exot wirkte.

Als ich in Italien einmal an einer roten Ampel stand, fuhr ein Moped mit zwei jungen Männern an mir vorbei. Beim Überholen schauten beide völlig überrascht zu mir hoch. Ohne auf die Straße zu achten, fuhren sie geradewegs auf einen Pkw auf. Passiert ist Gott sei Dank nichts. Ich muss gestehen: Ein gewisses Schmunzeln konnte ich mir nicht verkneifen.

Als ich in der Nähe von Mannheim eine Ladung für Karlsruhe übernahm, fragte mich die Bürodame besorgt: „Fahren Sie jetzt ganz allein nach Karlsruhe?" Ich bejahte und ergänzte: „Und morgen fahre ich nach Portugal." Die Dame fiel vor Schreck beinahe vom Stuhl. Ich beruhigte sie mit den Worten: „So ganz allein fahre ich doch nicht, Gott fährt immer mit!"

Des Öfteren wurde ich darauf angesprochen, dass es mutig sei, als Frau mit so einem großen Lkw so weit zu fahren. Für mich war es keine Frage des Mutes. Mutig ist für mich jemand, der seine Angst überwindet. Aber Angst, in einen Lkw zu steigen, hatte ich nie. Das war für mich das Normalste der Welt, so normal wie essen, trinken und Zähne putzen. Ich fühlte mich in diesem Beruf wie ein Fisch im Wasser.

Das, was mich in meiner fünfjährigen Laufbahn als Fernfahrerin wirklich zur Verzweiflung bringen konnte, war die Unsicherheit, wenn ich irgendwo im „Niemandsland" ratlos am Straßenrand stand und im ersten Moment nicht weiterwusste, wie zum Beispiel wegen eines Defekts am Lkw, zu niedriger Brücken, Ärger mit dem Zoll, falschen Adressangaben u. v. m. Auch das gehört zum Abenteuer des Lkw-Fahrens. Wohlbemerkt: Handys und Navigationsgeräte gab es zu dieser Zeit noch nicht. Was ich in diesem Beruf gelernt habe, ist: Es geht weiter, immer weiter! Immer vorwärts! Wichtig ist, das Ziel nicht aus den Augen zu verlieren!

Pepes Sperenzchen

Ich hatte mir in mein Tagebuch notiert: „Abladen in Roncello. Weiterfahrt zur großen Mailänder Spedition S. Ankunft 18 Uhr. Fertig mit Beladen 20 Uhr. Während des Ladevorgangs in der Kantine essen gewesen."

Während meines dortigen Aufenthaltes lernte ich einen Mitarbeiter mit Namen Pepe kennen; ein kleiner, flinker, verschmitzt aussehender, älterer Herr, der dort als eine Art Hausbote beschäftigt zu sein schien.

Er führte mich durch die Spedition und zeigte mir so gut wie alles: die Lagerhallen, die Kantine, an welcher Stelle ich Gitone (Telefon- münzen) kaufen und wo ich telefonieren konnte. Er half mir, mich in der Spedition zurechtzufinden, und gesellte sich zu mir, wenn ich in die Kantine zum Essen ging. Er sprach ein paar Brocken Deutsch und ich ein paar Brocken Italienisch, sodass wir uns insgesamt recht gut verständigen konnten. Jedes Mal, wenn ich in die Spedition kam, entdeckte mich Pepe im Nu. Meistens gingen wir dann zusammen in der Kantine essen. Etwas übermütig gab er mir schon mal einen Klaps auf den Po. Das aber verbot ich ihm strikt.

Der Lkw stand wieder einmal an der Rampe zum Beladen, wäh- rend ich im Fahrerhaus saß und wartete. Inzwischen entdeckte mich Pepe. Er kam zum Lkw, und wir unterhielten uns. Da es stark regnete, bot ich ihm an, auf dem Beifahrersitz Platz zu nehmen.

Pepe stieg ein, und wir unterhielten uns weiter über dies und das. Als die Arbeiter fertig waren und der Lkw beladen war, bat ich Pepe auszusteigen, da ich losfahren musste. Pepe wollte aber nicht ausstei- gen, er wollte mitfahren. Ich dachte erst, das sei ein Scherz, und lachte herzhaft. Bis ich merkte, dass Pepe es ernst meinte und trotz allen Zuredens der Ansicht war, mich begleiten zu müssen.

Es kam noch skurriler: Pepe stieg blitzschnell und unerwartet, flink wie ein Wiesel, was ich dem alten Mann gar nicht zugetraut hätte, auf die Mittelkonsole im Fahrerhaus. Ich fuhr einen Topsleeper, das heißt, mein Bett befand sich nicht hinter dem Fahrersitz, sondern darüber. Pepe öffnete die Klappe zu meinem „Schlafgemach" und wollte sich nach oben in mein Bett ziehen. Schimpfend zog ich Pepe am Hosenbein wieder nach unten und befahl ihm mit ernster Miene auszusteigen. Es war wie im Bauerntheater! Dafür hätte ich Eintritt verlangen können. Die Antwort kam prompt: „Ich, Pepe, steige nicht aus; ich fahre mit!"

„Oh weh", dachte ich, „was mache ich jetzt bloß?" Ich musste ja weiter. „Wie bekomme ich Pepe aus dem Lkw? Als Mann hat er mehr Kraft als ich. Wenn er nicht freiwillig aussteigt, kann ich ihn nicht aus dem Lkw komplimentieren." Und die Kollegen holen? Diese wollte ich nicht in eine eventuelle Rangelei hineinziehen. Und die Polizei rufen? Ob die überhaupt wegen so einer „Bagatelle" gekommen wäre?

Zum Glück erkannten einige Mitarbeiter der Spedition die Situation, kamen herbei, öffneten die Beifahrertür und forderten Pepe energisch auf auszusteigen. Pepe stieg aus, und mir fiel ein riesengroßer Stein vom Herzen.

Faktor Zeit – der immer mitfährt

Wieder einmal war ich auf dem Weg nach Italien. Die Fahrt über den Mont-Blanc war diesmal wahrlich kein Vergnügen. Zum einen musste ich an einer großen Baustelle vorbei, zum anderen behinderten Dauerregen und Nebel die Sichtverhältnisse, sodass ich nur langsam vorwärtskam. Nachdem ich endlich den Mont-Blanc „erklommen" hatte, fuhr zu allem Überfluss noch ein „Tausendfüßler" – ein Schwerlasttransport – im Schritttempo vor mir her. Ich reihte mich in die Schlange der vor mir fahrenden Lkws ein. Auf der etwa 50 km langen Strecke wurde meine Geduld auf eine harte Probe gestellt, zumal der Faktor Zeit immer mitfährt. Aber was sollte ich machen? Zwar hatte sich der Nebel in der Zwischenzeit gelichtet, aber auf der kurvenreichen, engen Landstraße war ein Überholen schlicht unmöglich, also übte ich mich in Geduld.

Auf der gesamten Strecke gab es nur eine Ampelanlage mit einer Linksabbiegerspur. Aus meiner Position konnte ich erkennen, dass die Ampel auf Rot sprang und der Schwerlasttransporter an vorderster Stelle zum Stehen kam. Die Linksabbiegerspur war frei. Ich erkannte meine Chance, setzte den linken Blinker, reihte mich auf die Linksabbiegerspur ein, gab Gas und überholte die neben mir stehende Schlange von Fahrzeugen. Ich hatte die Hoffnung, dass, bis ich vorne an der Ampelanlage ankommen würde, diese auf Grün springen und ich den Schwerlasttransporter somit überholen könnte – und genau so kam es. Juhu, geschafft! Den Schwerlasttransporter hatte ich hinter mir und freie Fahrt vor mir. Jetzt machte mir das Fahren wieder

Freude! Allerdings mahnte mich hinterher mein schlechtes Gewissen, da dieses Fahrmanöver nicht in Ordnung war.

Göttliche Bewahrung

Als ich gegen Mittag in Aosta ankam, stellte der Zollbeamte zu meiner Verwunderung fest, dass die Transportgenehmigung für Italien abgelaufen war, sodass ich nicht weiterfahren konnte. Verärgert rief ich in unserem Büro an. Der Disponent kündigte an, dass ein weiterer Fahrer mit gültigen Papieren unterwegs nach Italien sei, der seine Ladung ebenfalls in Aosta verzollen müsse. So saß ich im Lkw und wartete auf die dringend benötigte Transportgenehmigung. Draußen war es nasskalt und regnerisch; die Berge lagen wolkenverhangen vor mir. Ich nutzte die Zwangspause zum Lesen.

Ein Zollbeamter, der mitbekommen hatte, dass ich auf dem Zollhof festsaß, bot mir an, mit mir essen zu gehen. Ich dachte: „Warum nicht?", und willigte ein. Er schlug vor, dass wir gemeinsam irgendwohin fahren könnten. Mein Gefühl gebot mir, Vorsicht walten zu lassen und nicht am späten Abend in ein fremdes Auto zu steigen.

Daher verwies ich auf das nahe gelegene Restaurant im Zollhof und erklärte: „Gehen wir doch dort hin, dann brauchen wir nicht mit dem Auto zu fahren", worauf er entgegnete: „Das ist ab 21 Uhr geschlossen."

In dem Moment war mir das egal, lieber hungerte ich, als dass ich in sein Auto gestiegen wäre. Im schlimmsten Fall wäre ich dieser unbekannten Person auf Gedeih und Verderb ausgeliefert gewesen.
Nach einiger Diskussion begriff er, dass ich nicht bereit war, bei ihm einzusteigen. Er zog sich verstimmt zurück, während ich zum Lkw zurücklief. Kurz darauf traf mein Kollege ein und übergab mir die gültige Transportgenehmigung. Er bot mir an, dass wir noch gemeinsam essen gehen könnten. Als ich erklärte, dass das Restaurant bereits geschlossen habe, meinte er: „Oh nein, es ist bis 23 Uhr geöffnet." Ich sah ihn erstaunt an und berichtete, was ich soeben mit dem Zöllner

erlebt hatte. Ich war froh, dass ich nicht in sein Auto eingestiegen bin! Für mich war das ein Zeichen göttlicher Bewahrung.

Meine erste Fahrt zum Mittelmeer

An einem trüben Novembertag passierte ich in Chiasso die Grenze nach Italien. Vor mir lag eine Strecke von etwa 600 km, die mich über Piacenza, Parma, Modena, Bologna, Imola und Rimini nach Ancona führte (siehe Landkarte im Fototeil). Den Großteil der Strecke musste ich bei Dunkelheit fahren. So konnte ich nur anhand der Straßenkarte erahnen, dass ab Rimini das Meer links und die Berge rechts liegen mussten. Da es bereits später Abend und ich recht müde war, suchte ich einen Parkplatz auf. Ich war sehr gespannt, welche Landschaft mich am nächsten Morgen erwarten würde. Nach dem Aufwachen zog ich neugierig die Vorhänge zurück. Was für ein herrlicher Anblick! Links das Meer, von Zypressen und Palmen gesäumt, rechts die schneebedeckten Berge. Das also ist die Adria, von der ich schon so viel gehört hatte!

Ich fuhr weiter am Meer entlang nach Pescara, wo ein Teil der Ladung abgeladen wurde. Die zweite Abladestelle befand sich kurz vor Rom, sodass ich durch die Abruzzen und somit quer durch das Landesinnere zu fahren hatte.

Die nur wenig befahrene Autobahn mit ihren lang gestreckten Kurven schlängelte sich durch ein Gebiet unendlicher Schönheit. Ich fuhr über Talbrücken von einigen Hundert Metern Länge und durch einsame Gegenden, die noch nichts von ihrer Ursprünglichkeit verloren haben. Immer wieder wanderte mein Blick in die wild zerklüftete, unbesiedelte Landschaft, deren Anblick ich in vollen Zügen genoss. Das Fahren durch diese wunderbare, einsame Gegend löste in mir ein unbeschreibliches Gefühl von Weite und Freiheit aus. Freude pur! Das sind Momente der Glückseligkeit, in denen ich meinen Beruf umso mehr liebte!

Am Nachmittag kam ich in dem kleinen Bergdorf an, wo ich abladen musste. Mein nächstes Ziel war Rom, die Ewige Stadt, und dort der Zollhof San Lorenzo. Als ich in Rom ankam, war es bereits dunkel, sodass ich nach einer ungeplanten Runde auf dem Raccordo, der Ringautobahn um Rom, einen Parkplatz zum Übernachten suchte. Den Zollhof wollte ich am nächsten Morgen, wenn es hell ist und die Hinweisschilder und Straßenkarte besser zu lesen sind, anfahren. Zum Kartenlesen war die Innenbeleuchtung des Lkws einfach zu schwach. Außerdem war es bereits spätabends und Zeit, Feierabend zu machen!

Ankunft in Rom

Als ich samstags in Rom ankam, hatte das Zollbüro in San Lorenzo geschlossen. Immerhin konnte ich in den sicheren Zollhof fahren, der mit Flutlicht ausgeleuchtet und durch einen hohen Zaun geschützt war. Da sonntags auch nicht gearbeitet wurde und das Übernachten im Lkw nicht erlaubt war, blieb mir nichts anderes übrig, als mir ein kleines Hotelzimmer anzumieten. Ich wählte ein Zimmer der einfachen Kategorie. Allerdings roch es darin etwas muffig, die Tapete war leicht vergilbt und hing an manchen Stellen bereits von der Wand. Das Bett glich einer Art Trampolin, so dünn war die Matratze. Telefonieren war unmöglich, da das Telefonkabel aus der Wand gerissen war. Die Dusche auf dem Gang gab nur spärlich Wasser her. Immerhin war das Bett frisch bezogen und die Zimmertür abschließbar. Als Fernfahrer lernt man recht schnell, sich zufriedenzugeben. Wer Komfort wünscht, sollte sich einen anderen Beruf aussuchen. Das Frühstück bestand aus einem in Klarsichtfolie eingeschweißten trockenen Zwieback und einer Tasse „Boden-Seh-Kaffee": Der Kaffee war so dünn, dass man auf den Boden der Tasse sehen konnte – also eher ein Frühstück für Magenkranke.

Meine Vorfreude auf Rom ließ ich mir dadurch nicht nehmen. Für heute beschloss ich, die Stadt auf eigene Faust mithilfe eines Stadtplanes zu erkunden. Die Zeit verging im Nu. Ich fühlte mich wie im Urlaub, genoss das schöne Wetter und die attraktive Stadt.

Die unvergessliche Taxifahrt und andere Erlebnisse

Sonntag: An diesem Tag leistete ich mir den Luxus, Rom mit dem Taxi zu erkunden. Ich wollte so viel wie möglich von der Ewigen Stadt sehen. Angesichts der begrenzten Zeit, die mir dafür zur Verfügung stand, schien mir das Taxi die beste Lösung.

Worauf ich mich bei der Taxifahrt eingelassen hatte, das wurde mir allerdings erst hinterher klar und sprengt jedes Vorstellungsvermögen. Eine Achterbahnfahrt hätte meinen Adrenalinspiegel nicht höher treiben können. Der Fahrstil des römischen Taxifahrers war, um es vorsichtig auszudrücken, sehr gewöhnungsbedürftig. Mein Fahrer überholte rechts und links, Fahrspuren waren für ihn absolut uninteressant und Ampeln nur hin und wieder beachtenswert. Geschwindigkeitsbegrenzungen interessierten ihn schon gar nicht. Hupend und mit einem Affenzahn wühlte er sich durch die enorme Verkehrsdichte. So erlebte ich Rom mit dem Haltegriff an der Tür fest in der Hand. Ich fragte mich, ob ihm die Mafia auf den Fersen war. Das hätte dann aber nahezu für jeden Römer gelten müssen. Zwischendurch erhaschte ich einen Blick auf die Sehenswürdigkeiten, mein Hauptaugenmerk galt allerdings dem Fahrstil meines kaum zu bremsenden Fahrers. Mein rechter Fuß trat immer wieder reflexartig auf die Bremse – jedoch ohne Wirkung. Am Ende der Fahrt stieg ich mit leicht feuchten Händen aus dem Taxi und war froh, die Fahrt unversehrt überstanden zu haben. Für mich war es eine abenteuerliche und unvergessliche Stadtrundfahrt!

Abends ging ich in einem kleinen, gemütlichen Restaurant essen. Der alte Wirt war sehr nett; mit seinem Aussehen und den verschmitzten Augen erinnerte er mich an Don Camillo, den schlagkräftigen und schlitzohrigen Priester mehrerer Romane und Filme. Nach den vielen interessanten Erlebnissen fiel ich todmüde in meine Koje.

Montag: Als ich an diesem Morgen aus dem Zollhof herausfahren wollte, stellte ich fest, dass der Bremsschlauch angerissen war. Ich rief den Internationalen Truckservice (ITS) und meinen Chef an. Verzweifelt versuchte ich bei mehreren Banken, Geld zu wechseln, leider vergeblich. Erst nach Stunden fand ich eine Bank, bei der ich DM in Lire umtauschen konnte. Nach erneuten Telefonaten stellte sich heraus, dass der vom ITS beauftragte Truck-Service nicht kommen konnte und ich hinfahren musste. Zum Glück standen mir einige Kollegen zur Seite und leisteten Erste Hilfe, indem sie die Bremsleitung mit weichgekautem Kaugummi und Klebeband notdürftig versorgten. Im Schritttempo fuhr ich zur Werkstatt, wohlwissend, dass ich die Druckanzeige der Bremsanlage im Auge behalten musste. Die Reparatur bedeutete nahezu einen Tag Zeitverlust. So konnte ich erst am Abend gegen 17 Uhr weiterfahren. Nichts konnte mich mehr aufhalten, ich fuhr nonstop durch bis Genua, wo ich um Mitternacht ankam.

Am nächsten Morgen fuhr ich über Cuneo weiter in Richtung Frankreich. Für November war es ein ungewöhnlich klarer Tag: Die Sonne schien von einem wolkenlosen blauen Himmel. Auf der Hochebene vor Cuneo türmten sich die von der Sonne beschienenen und in ein sanftes Licht getauchten, schneebedeckten Berge auf – ein herrliches Farbenspiel!

Auf einmal stand ich vor einer Weggabelung und der Frage, welchen Weg ich nehmen sollte. Laut meiner Karte gab es zwei Möglichkeiten, zwischen denen ich mich entscheiden musste, einen schmalen, kürzeren Weg und einen breiteren, etwas längeren Weg. Im Stillen betete ich zu Gott, er möge mir doch einen Wink geben, wo ich jetzt langfahren musste. Es dauerte nicht lange, da war ich von einem großen Frieden erfüllt und mir gewiss, dass ich den breiten Weg nehmen sollte. In dem Bergdorf, in dem ich wenig später ankam, erklärte mir ein Bewohner, dass ich den einzig richtigen Weg gewählt hatte. Der andere Weg hätte über extreme Bergkuppen geführt, für die mein Lkw nicht geeignet gewesen wäre. Ich wäre im wahrsten Sinne des Wortes „aufgesessen". Nach dem Ladevorgang fuhr ich weiter bis nach Aosta. Meine Vorfreude auf eine abendliche Dusche wurde bei meiner Ankunft auf dem Zollhof allerdings enttäuscht – auf dem Schild stand in großen Lettern: „Duschen geschlossen." Auch mit derartigen Überraschungen muss man rechnen, wenn man auf der Straße unterwegs ist.

Am nächsten Tag erhielt ich die Zollpapiere erst sehr spät. Grund hierfür war eine Streikversammlung, die es in Italien immer wieder einmal gab. Sich aufzuregen, das brachte nichts. In diesem Fall entschied ich mich, die Strecke über den Großen St. Bernhard zu nehmen, vorbei an den Städten Turin, Aosta, Bern und Basel zurück nach Deutschland. Nach gut 800 km Fahrt kam ich gegen Mitternacht zwar müde, aber glücklich zu Hause an.

Höchst gefährlich!

Als ich an einem kalten Dezembertag morgens nach dem Abladen in Tübingen wieder auf der Autobahn A6 zurück auf den Betriebshof fuhr, hatte ich kurz vor der Abfahrt Schwetzingen auf einmal das ungute Gefühl, dass mein Lkw ins Rutschen kam. Außerdem stellte ich zu meinem Entsetzen fest, dass ich keinen Einfluss mehr auf die Lenkung hatte. Mein erster Gedanke war, dass die Straße vielleicht glatt sein könnte, denn der Straßenbelag war stellenweise von Reif überzogen. Da ich nicht gebremst hatte, konnte das allerdings nicht der Grund sein.

Plötzlich geriet der Lkw ins Schleudern. Ich sah die Mittelleitplanke auf mich zukommen. Einen Meter vor dem Mittelstreifen kam der Lkw entgegen der Fahrtrichtung zum Stehen. Motorwagen und Anhänger standen im spitzen Winkel auf der Fahrbahn und blockierten sowohl die rechte Fahrspur als auch die Überholspur. Nur die Standspur war noch frei. Ich schloss die Augen und traute mich nicht, auf die Straße zu schauen. Das Lenkrad hielt ich mit beiden Händen krampfhaft fest, als ob ich daran Halt finden könnte. So wähnte ich mich in meinem Fahrerhaus sicher und geschützt. Ich wartete auf das, was kommen musste: Gleich würden die eben noch hinter mir herfahrenden Autos in mich hineinkrachen. Nach einigen Sekunden, die mir wie eine Ewigkeit vorkamen, wunderte ich mich, dass es zu keinem Reifenquietschen, keinem Hupen und auch zu keinem Crash kam. Schließlich traute ich mich, die Augen wieder zu öffnen, und sah, dass die Pkws, wie von einem unsichtbaren Seil gezogen, im Schritttempo auf der Standspur an mir vorüberzogen, als wäre es das Selbstverständlichste auf der Welt. Außer einer knapp hundert Meter langen Blockierspur, die ich hinterlassen hatte, und einer verbogenen Deichsel war nichts passiert. Ich konnte es kaum glauben. Es dauerte einige Zeit, bis ich erleichtert auf- und tief durchatmen konnte.

Einer der vorüberfahrenden Autofahrer hatte inzwischen die Polizei alarmiert, die wenige Minuten später vor Ort war. Ein anderer Fahrer hielt an und fragte, ob mit mir alles in Ordnung sei. Ich nickte. Er wollte wissen, wie mein Lkw dermaßen ins Schleudern kommen konnte. Meine Nerven lagen blank. Mir fiel ein, dass ich mit den Bremsen in letzter Zeit öfter mal Probleme hatte. Der Pkw-Fahrer überlegte nicht lange, beugte sich mit weißem Hemd und Krawatte unter den Lkw und stellte wenig später fest, dass die Luftleitung für die Vorratsbehälter gerissen war. Beim Anlassen des Lkws zeigte die Anzeige nur null bar. Ohne viele Worte flickte der freundliche Helfer den Schlauch notdürftig, sodass ich wenigstens mit dem Motorwagen wieder fahrbereit war.

Glücklicherweise war der Lkw nicht beladen, sonst wäre dieser wahrscheinlich umgekippt. Ich durfte erneut die Erfahrung machen, dass Gott seine schützende Hand über mich hält.

Kleiner Exkurs für die Laien: Die Bremsanlage beim Lkw wird über Luftdruck reguliert, da diese das Vielfache an Gesamtgewicht eines Pkws abzubremsen hat. Vereinfacht erklärt: Hierfür gibt es einen Luftkompressor und Druckregler, der konstant einen bestimmten Luftdruck hält. Wenn gebremst wird, verliert die Bremsleitung minimal Druck, den der Kompressor dann wieder neu auf den Betriebsdruck auflädt. Für den Fall, dass öfter oder fester gebremst werden muss, besitzt der Lkw mehrere Vorratsbehälter, die eine gewisse Luftreserve sichern. Er benötigt immer ausreichend Luft. Verliert er abrupt zu viel Luft, schließen sich die Bremsen.

Ich war froh über die Hilfe und dankte dem jungen Mann, der mir wie ein Engel zur Seite stand. Auf meine Frage, warum er sich die Mühe machte, mir zu helfen, antwortete er, dass er es eigentlich sehr eilig hatte und daher mit hoher Geschwindigkeit unterwegs war. Als er von Weitem die Gefahr erkannte, konnte er gerade noch rechtzeitig bremsen. Es habe ihn ziemlich aufgewühlt, als er erkannte, dass sein Leben mit einem Mal hätte vorbei sein können. In diesem Moment habe die Zeit für ihn stillgestanden. Er sagte, jetzt habe er viel Zeit, ja, sehr viel Zeit.

Zwischenzeitlich war auch der von der Polizei avisierte Abschleppdienst vor Ort. Während mein Lkw soweit fahrtüchtig war, dass ich mit Warnblinkanlage im Schritttempo die letzten drei Kilometer bis zu unserem Betriebshof fahren konnte, musste der Anhänger mit der verbogenen Deichsel vom Abschleppdienst gezogen werden.

Als der Werkstattmeister und die übrigen Mitarbeiter den Abschleppdienst mit Warnlampe kommen sahen, sprangen sie erschrocken an die Fenster. Ich erzählte hastig, was passiert war. Was den Sachschaden betraf, konnte der Werkstattmeister die Deichsel wieder gerade richten. Allen war klar: Die Bremsanlage des Lkws musste unverzüglich überholt werden.

Als ich zu Hause ankam, fragte mein Vater, ob etwas passiert sei, ich würde so bedrückt aussehen. Mein Vater war auch Berufsfahrer und wusste um die Gefahren auf der Straße. Da ich meine Eltern nicht beunruhigen wollte, schwieg ich. Umso mehr dankte ich meinem Gott von ganzem Herzen, dass er mich so wunderbar bewahrt hatte!

Härtetest für mein Durchsetzungsvermögen

Nach vereinbartem Termin fuhr ich kurz darauf in Mannheim in eine Lkw-Fachwerkstatt, um die Bremsen überholen zu lassen. Die dortigen Arbeiter hörten sich mein Anliegen gelangweilt an und machten keinerlei Anstalten, mich zu bedienen. Sie benutzten Ausreden, um sich einer verantwortlichen Bremsenreparatur zu entziehen. Irgendwie hatte ich das Gefühl, nicht ernst genommen zu werden, so nach dem Motto: Ach, Frau und noch dazu blond.

Da ich zwei Stunden später bereits einen Ladetermin hatte, konnte ich Trödeleien nicht zulassen. Ich nahm mein ganzes Selbstvertrauen zusammen, baute mich vor den zwei Mechanikern auf und erklärte im energischen Ton: „So geht das ja wohl nicht! Schließlich hängt mein Leben und das der anderen Verkehrsteilnehmer vom Funktionieren der Bremsanlage ab. Falls Sie sich nicht imstande sehen, die Bremsen zu überprüfen und zu reparieren, wäre es besser, Sie würden Schuhe verkaufen!" Diese „Ansprache" saß. Ich hatte auf einmal andere Menschen vor mir. Nun endlich machten sie sich flugs an die Arbeit. Ich ließ mir alles erklären, überwachte jeden Handgriff mit Argusaugen und wich keinen Meter von ihrer Seite, bis alles erledigt war. Ich glaube, die Leute waren froh, als ich den Lkw bestieg und abfuhr.

Ein anderes Mal hatte ich Zierbäume und Sträucher bei einer Firma in Hockenheim abzuliefern. Die Arbeiter forderten mich auf, durch einen Acker an den entsprechenden Abladeplatz zu fahren. Ich lehnte dies mit dem Hinweis ab, dass mir das Risiko, mit dem Lkw und Drei-Achs-Anhänger in der Erde stecken zu bleiben, zu groß sei.

Erneut musste ich mich in diesem Beruf durchsetzen und das gleich vor sechs gestandenen Männern. Den Arbeitern gab ich deutlich zu verstehen, dass ich als Fahrerin die Verantwortung für den Lkw hatte und daher auch darüber entschied, welchen Weg ich nehmen würde. Das Risiko, von einem Kranwagen aus dem Acker herausgezogen werden zu müssen, wollte ich nicht eingehen. Das Gespräch beendete ich mit der Frage: „Wer von Ihnen würde hierfür die Kosten übernehmen?" Es herrschte betretenes Schweigen. Langsam und widerwillig, dafür mit viel Geschrei fingen sie an, die „grünen Lungen" abzuladen. Für die Reststrecke wurde ein Stapler eingesetzt, der die Bäume und Sträucher an den Ort ihrer Bestimmung brachte.

Auch in Italien musste ich lernen, mich durchzusetzen. In Oggiono hatte ich Drahtrollen zu laden. Die Rollen sollten liegend verladen werden. Da ich über den Mont-Blanc fahren musste, lehnte ich die Art der Verladung ab. Auch hier ging es um die Frage, wer die Verantwortung für die Fracht und die damit verbundenen Risiken trug. Diese sah ich ausschließlich bei mir. Wenn man bergauf fährt und eine Rolle ins Rollen kommt, entsteht ein Dominoeffekt. Die anderen Rollen würden sich ebenfalls in Bewegung setzen und gegen die Ladebordwand drücken. Diese hätte dem tonnenschweren Druck nicht standgehalten. Ich versuchte, meine Bedenken, so gut es ging, verständlich zu machen. Die Lagerarbeiter wollten davon partout nichts wissen.

Also rief ich meinen Chef an und erklärte ihm, dass ich nicht bereit sei, mit liegenden Rollen vom Hof zu fahren. Mein Chef stand nicht nur hinter mir, er stellte sich auch vor mich und meinte: „Wenn die Arbeiter die Rollen nicht so laden, wie Sie das möchten, nämlich stehend, dann sollen sie alles wieder abladen." Er würde dann eine andere Rückladung disponieren.

Die Arbeiter und ich einigten uns darauf, dass das vordere Drittel der Ladung liegend transportiert und die letzten zwei Drittel stehend. Mit dem Kompromiss konnte ich leben.

Die Gefahren des Nebels

Die Po-Ebene ist nicht nur für ihre fruchtbare Landschaft bekannt, sondern auch für den Nebel, der sich über das gesamte Tiefland in Norditalien erstreckt. Für Autofahrer ist das ein Albtraum. So war es auch, als ich frühmorgens bei Dunkelheit und dichtem Nebel durch die Po-Ebene in Richtung Mailand unterwegs war. Der Nebel war so dicht, dass ich mir wie in einer unendlich großen Waschküche vorkam. Die Sichtweite lag weit unter zwei Meter! Entsprechend langsam fuhr ich auf der Autobahn. Plötzlich sah ich rechts auf dem Standstreifen einen Mann stehen. Er war nur schemenhaft zu erkennen und fuchtelte wild mit einer Taschenlampe herum. „Komisch", dachte ich, „was hat das zu bedeuten?" Ehe ich mich versah, tauchte vor mir wie aus dem Nichts ein großes schwarzes Ungetüm auf. Bei näherem Hinsehen erkannte ich, dass es sich um ein unbeleuchtetes Schrottauto handelte, das vor mir mitten auf der Fahrbahn „parkte". Intuitiv riss ich das Lenkrad nach links, um dem Wrack auszuweichen. Gott sei

Dank befand sich auf der Überholspur kein Fahrzeug, sonst hätte es gekracht. Zeit, um in den Rückspiegel zu schauen, hatte ich in dem Moment nicht. Mein Puls überschlug sich. Es brauchte eine ganze Weile, bis ich mich wieder beruhigt hatte. Und weiter ging die Fahrt durch den Nebel, der kein Ende nehmen wollte ...

Ein anderes Mal fuhr ich durch Curtatone, ein behagliches Städtchen in der Lombardei. Der Nebel war so dicht, dass ich die Hinweisschilder kaum bzw. erst dann lesen konnte, als ich direkt vor ihnen stand. Ich fragte mich, wie ich die Firma je finden würde, wenn es nicht mal möglich war, Hinweisschilder zu erkennen. Erschwerend kam hinzu, dass in Italien die Firmenschilder die Maße eines etwas größeren Klingelschildes haben und nicht zu vergleichen sind mit den großformatigen Firmenschildern, die an deutschen Betrieben prangen.

Als ich mich dem Gewerbegebiet, das sich linker Hand befand, näherte, war schnell klar, dass ich hier links abbiegen musste. Mit meinem 18 m langen Lkw war das Linksabbiegen bei Nebel eine heikle Angelegenheit, da ich die Gegenfahrbahn überqueren musste. Hinzu kam, dass das hellbeige „Outfit" meines Lkws im Nebel fast verschwand. Ich musste das Wagnis eingehen, da es keine Alternative gab. Am Straßenrand stehen zu bleiben, bis sich der Nebel auflöste – das hätte Tage dauern können –, war auch keine Lösung, da ich auch für die hinter mir kommenden Fahrzeuge ein kaum zu erkennendes Hindernis gewesen wäre. Außerdem hätte sich mein Chef über den zeitlichen Ausfall sicherlich nicht gefreut – um mich vorsichtig auszudrücken. Ich entschied mich daher, links in das Gewerbegebiet abzubiegen. Gott sei Dank kam mir kein Pkw entgegen! Schemenhaft erkannte ich vor mir einen Platz, den ich ansteuerte, um dort anzuhalten und mich neu zu orientieren.

Ich lief zum nächstgelegenen Betrieb, um dort nach meiner Abladefirma zu fragen. Als ich das briefkastenschlitzgroße Firmenschild las, traute ich meinen Augen nicht: Ich stand direkt vor der Abladefirma. Erleichtert und froh darüber meldete ich mich dort im Büro an. Worüber man sich doch freuen kann! Mir war klar, dass Gott mich durch den Nebel hindurch hierhergeführt hatte.

Nach dem Abladen ging es auf einer schmalen Landstraße weiter zur Ladeadresse für die Rückfracht nach Deutschland. Der weiße Straßenbegrenzungsstrich war durch den dichten Nebel nahezu unsichtbar, falls überhaupt einer da war! Als Lkw-Fahrerin hatte ich gelernt, dass man das Ziel nie aus den Augen verlieren darf. Bei Nebel stellt dies eine besondere Herausforderung dar. Spätnachmittags kam ich in dem kleinen, südöstlich von Padua gelegenen Städtchen Monselice an, um neues Frachtgut zu laden. Meine Lenkzeit war bereits am Limit, also nutzte ich die Gelegenheit und erkundete am Abend zu Fuß das kleine, mittelalterlich anmutende Städtchen mit seiner trutzigen alten Stadtmauer. In einem kleinen, netten Lokal kehrte ich ein und ließ mir das beste Scaloppina mit Zitronensoße schmecken, das ich je gegessen hatte. Der Geschmack dieses köstlichen Gerichtes ist mir bis heute in Erinnerung. In Deutschland habe ich bisher vergeblich nach einem ebenso leckeren Schnitzel Ausschau gehalten. Für diesen kulinarischen Gaumenschmaus hatte sich die anstrengende Fahrt gelohnt!

Bloß nicht krank werden

Schon seit Tagen plagten mich schreckliche Halsschmerzen. Da ich im Ausland unterwegs war, bemühte ich mich um eiserne Disziplin. Was heißt das? Durchhalten, bis ich zu Hause war, egal, wie schlecht es mir ging! Es war 4 Uhr morgens, als ich wieder einmal nicht schlafen konnte. Statt mich in meiner Lkw-Koje hin und her zu wälzen, setzte ich mich ans Steuer und fuhr weiter. Wenn ich schon nicht schlafen konnte, wollte ich die Zeit wenigstens sinnvoll nutzen.

Die Halsschmerzen wurden von Stunde zu Stunde schlimmer, und ich wurde immer schlapper. Mein einziger Gedanke war: „Hoffentlich schaffe ich es noch bis nach Hause. Bloß nicht unterwegs krank werden!" Ich war in Italien unterwegs und wollte mir abends ein warmes Bier bestellen – irgendwo hatte ich einmal gelesen, dass warmes Bier bei grippalem Infekt helfen soll. Doch während die Deutschen zu heißem Bier greifen, helfen sich die Italiener mit einem Glas heißen Wein. So stellte mir der Wirt ein Glas heißen Rotwein hin, der mich von innen wärmte. Außerdem sorgte der Alkohol für die nötige Bettschwere, sodass ich nachts gut schlafen konnte.

Am nächsten Tag kam ich gegen Mittag in Karlsruhe bei der Spedition Danzas an, bei der ich die Zollformalitäten zu erledigen hatte. Die Angestellten, die offenbar erkannten, dass es mir nicht gut ging, zeigten sich besorgt und boten mir Kaffee und Kuchen an. Ich setzte mich und war sehr dankbar für den Moment der Ruhe und Fürsorge, die man mir angedeihen ließ. Nachdem die Zollformalitäten geregelt waren, brach ich wieder auf. Spätabends konnte ich abladen und in Richtung Heimat aufbrechen. Im „Heimathafen" kam ich gegen 2 Uhr morgens an. Mit letzter Kraft schleppte ich mich nach Hause und ließ mich ins Bett fallen.

Der Arzt diagnostizierte einen grippalen Infekt und verordnete mir strenge Bettruhe. Nach all den Wegen, die ich zurückgelegt hatte, war der Weg zum Arzt der weiteste.

Ein anderes Ereignis: Nicht nur beim Grillen auf der Terrasse, auch im Fahrerhaus eines Lkws können Insekten zu einer Plage werden. Es war Hochsommer, als ich mit dem Lkw, der damals noch keine Klimaanlage besaß, in Spanien unterwegs war. Um mir ein bisschen Abkühlung zu verschaffen, hatte ich die Seitenscheiben geöffnet und meinen linken Arm auf das heruntergekurbelte Fenster an der Fahrertür gelehnt. Der Fahrtwind war bei der Hitze sehr angenehm. Mein T-Shirt klebte nicht mehr an meinem Körper, und die weit ausgeschnittenen, kurzen Ärmel bewegten sich wie ein Segeltuch im Wind.

Plötzlich merkte ich, wie an meiner Brust etwas krabbelte. Offenbar hatte sich ein Insekt in meinem T-Shirt verfangen. Ich fasste sofort an die Stelle, von der das Kribbeln ausging, um den Eindringling schnellstens zu entfernen. Zu spät, ein brennender Schmerz verriet mir, dass das Tier bereits zugestochen hatte. Jetzt sah ich, dass es eine Wespe war. „Oh weh", dachte ich, „hoffentlich entzündet sich das Ganze nicht."

Mir fielen die Sprachschwierigkeiten ein, die mir bei einem Arztbesuch im Ausland blühen würden! Mir schoss durch den Kopf: „Wo lasse ich den Lkw so lange stehen? Wie komme ich zum Arzt oder ins Krankenhaus? Wo kann ich telefonieren, um mir ein Taxi zu bestellen? Wo bleibt meine wertvolle Zeit?" Meine „Hausapotheke" bestand aus Spucke, die ich dick auf den Stich auftrug, und ich hoffte, dass die Notversorgung wirken würde. Und tatsächlich: Der brennende Schmerz ließ nach, und der Stich entzündete sich nicht. Gott sei Dank!

Dauerregen

Noch verschlafen sah ich am frühen Morgen aus meinem Fahrerhaus. Ich stand nahe der deutsch-französischen Grenze. Der Regen peitschte über das Land. Nichtsdestotrotz brach ich um 4:30 Uhr in Richtung Verdun auf. Vor mir lagen mehrere Hundert Kilometer Landstraße. Der Sturm pfiff, und es goss wie aus Kübeln. Das Spritzwasser der entgegenkommenden Lastwagen schlug bis zu meiner Lkw-Scheibe hoch, sodass ich die Straße zeitweise nur schemenhaft erkennen konnte. Die Scheibenwischer hatten „alle Hände voll zu tun". Ich musste mich daher sehr auf die Straße konzentrieren, was die Fahrt außerordentlich anstrengend machte. Auch bei nasskaltem Wetter hatte ich die Seitenscheibe immer einen Spalt weit offen, damit genügend Sauerstoff hereinkam. Um keine kalten Füße zu bekommen, hatte ich die Heizung voll aufgedreht und einen dicken Parka an. Um meinen Hals hatte ich einen Wollschal geschlagen. Nach rund neun Stunden Fahrt durch Kälte, Windböen und prasselndem Regen kam ich am späten Nachmittag abgekämpft und zugleich froh bei der Ladefirma an. Selten habe ich eine warme Dusche so geschätzt wie an diesem Abend. Hundemüde ließ ich mich ins Bett fallen. Bei solchem Wetter können 500 km zu einer Herkules-Aufgabe werden. Von solchen Wetterverhältnissen darf man sich nicht abschrecken lassen; derartige Widrigkeiten gehören eben auch zu diesem Beruf.

Ein ungewöhnliches Erlebnis in Wien

Als ich um die Mittagszeit in Wien ankam, hatte das Büro, das für die Abwicklung der Zollformalitäten zuständig war, bereits geschlossen. Ich ließ meinen Lkw auf dem Parkplatz stehen, der sich direkt neben einer stark befahrenen Schnellstraße befand. Bei dem Lärm, das war mir klar, werde ich keine ruhige Nacht haben. Da ein erholsamer Schlaf für einen Lkw-Fahrer sehr wichtig ist, um am nächsten Tag wieder fit zu sein, und zudem auf dem Areal keinerlei sanitäre Anlagen vorhanden waren, entschloss ich mich, in einer kleinen, preiswerten Pension zu übernachten. Ich bestellte mir ein Taxi in der Annahme, dass der Taxifahrer wusste, wo es in der Nähe eine preiswerte Übernachtungsmöglichkeit gab.

Der Taxifahrer kam, und ich erklärte ihm meinen Wunsch. Auf der Fahrt kamen wir ins Gespräch, und er erzählte, dass er mir gerne etwas zeigen möchte. Allerdings verriet er mir nicht, worum es ging. Da ich ja Zeit hatte, willigte ich ein.

Was sollte schon passieren? Der Taxifahrer machte auf mich einen seriösen Eindruck, und die Signale, die im Hintergrund aus der Taxizentrale zu hören waren, gaben mir ein Gefühl der Sicherheit.

Wir fuhren kreuz und quer durch Wien. Den Taxameter schaltete der Fahrer irgendwann aus. Plötzlich hielt er am Straßenrand an, stieg aus und bat mich mitzukommen. Er ging in einen Wohnblock und lief die nur mit einer Glühbirne spärlich beleuchtete Kellertreppe hinunter. Während ich noch zögerte, forderte er mich auf, ihm zu folgen. Je weiter er in das Kellergeschoss vordrang, desto dunkler und gespenstiger wurde es für mich. Mir wurde zusehends mulmiger. Am liebsten wäre ich umgekehrt. Mein Misstrauen wuchs. Ich fragte mich, was er wohl vorhatte. Zugleich versuchte ich, mich damit zu beruhigen, dass meine Skepsis wohl daher rührte, dass ich zu viele Krimis schaute. Ich nahm all meinen Mut zusammen und folgte ihm in einem immer größer werdenden Abstand, sodass ich mich jederzeit umdrehen und wegrennen konnte.

Meine innere Anspannung steigerte sich, als er im Kellergang links abbog, in eine Ecke, die nahezu völlig unbeleuchtet war. Ich hörte, wie er das Schloss einer Kellertür entriegelte, die beim Öffnen quietschende Geräusche von sich gab. Er knipste das Licht an, und was sah ich in dem Kellerraum? Ich traute meinen Augen nicht! Vor mir befand sich eine riesengroße Modelleisenbahn, die den gesamten Kellerraum ausfüllte!

Meine Angst war im Nu verflogen. Staunend wie ein kleines Kind stand ich da und betrachtete die bunte, abwechslungsreiche Landschaft und die vielen kleinen, liebevoll zusammengestellten Figuren, die, je länger ich hinschaute, desto lebendiger wurden. In der Mitte der Pressspanplatte, auf der die Modelleisenbahn stand, war ein Loch ausgesägt. Mein Fahrer begab sich dorthin und führte mir voll Freude und mit glänzenden Augen ein Bähnchen nach dem anderen vor, die – eingebettet in eine herrlich angelegte Landschaft – durch Tunnel und kleine Dörfer, vorbei an Bauernhöfen und grünen Wäldern fuhren. Ich entdeckte neben Autos auch Lkws und Schulkinder mit Ranzen auf dem Rücken. Ein Stückchen weiter stand eine Bäuerin, die Milchkannen schleppte. Weiter oben auf der Alm schwang ein Bauer die Sense, um die Wiese zu mähen. Daneben standen Kühe auf der Weide. Im Dorf befand sich ein Schulhaus, und etwas außerhalb standen Fabriken. Außerdem gab es – wie es sich für eine Modelleisenbahn gehört –, Bahnhöfe, an denen die kleinen Bähnchen ein- und ausfuhren. Ich war begeistert und kam aus dem Staunen nicht mehr heraus. Mein Begleiter drehte sich um und holte eine Schachtel hervor, aus der er vorsichtig eine in Watte gehüllte Lokomotive auspackte. Er setzte sie auf die Schiene und ließ sie einige Meter vor- und zurückfahren. Die Lokomotive war sein ganzer Stolz, erklärte er mir voll Freude. Bald wusste ich über jedes Detail, angefangen vom Modell über die Baureihe bis hin zum Baujahr, Bescheid. Obwohl ich von Lokomotiven nicht viel verstand, war mir klar, dass es sich hier um ein besonderes Modell handelte. Dann wickelte er die Lokomotive wieder in Watte und legte sie behutsam in den Karton zurück.

Nach unserem Ausflug in die Welt der Modelleisenbahn gingen wir um ein gemeinsames Erlebnis reicher zurück zum Taxi. Mit meinen Gedanken noch ganz bei den kleinen Zügen und Figürchen bemerkte ich erst, als wir wieder standen, dass wir vor einer schönen, kleinen Pension angekommen waren. Ich verabschiedete mich und bedankte mich für den Einblick, den mir der Wiener Taxifahrer in seinen Hobbykeller gewährte.

Mein Zimmer war einfach, aber sauber. Ich warf mich auf das Bett und hing den Erlebnissen der letzten paar Stunden noch einmal nach: angefangen von meiner Ankunft in Wien und der Begegnung mit dem Taxifahrer, der interessanten Fahrt durch die imposante Großstadt und der Furcht, die mich beim Gang durch das Kellergewölbe überkam, bis zum Anblick der großartigen Modelleisenbahn, die mich die Aufregung der letzten Minuten im Nu vergessen ließ.

Nun saß ich in meiner Pension und musste über mich selbst lachen. Erst hatte ich die „Hosen voll", dann ein Herz, das vor kindlicher Freude überschwappte. Meine Skepsis hat sich diesmal Gott sei Dank als unbegründet erwiesen.

Bekannten, denen ich später von der Begebenheit erzählt habe, meinten: „Das war ganz schön mutig von dir!" Wäre es schief gegangen, hätte wahrscheinlich jeder gesagt: „Wie kann man nur!" Aus heutiger Sicht frage ich mich, ob ich nicht naiv und gutgläubig gewesen war. Wie dem auch sei, es war für mich ein schöner und erlebnisreicher Tag. Mein Gedanke vor dem Zubettgehen war: „Heute Nacht werde ich wohl von Modelleisenbahnen träumen!"

Am nächsten Morgen um 5:30 Uhr klingelte der Wecker, eine Stunde später saß ich bereits im Taxi auf dem Weg zum Südbahnhof, wo ich den Lkw abgestellt hatte. Nach der Zollabfertigung fuhr ich zur Abladefirma. Die Ladeadresse wurde mir mitgeteilt. Die nächste Station war dann Leopoldsdorf, ein kleiner Ort im Süden von Wien, der inmitten eines Industrieviertels liegt.

Hier sollte der Lkw mit leeren Dosen beladen werden. Die Fahrt dorthin war wunderschön, begleitet von herrlicher Wintersonne, die die Schneeberge links und rechts der Straße in ein silbern glänzendes

Licht tauchte. Romantische Momente wie diesen, die mein Herz höherschlagen ließen, erlebte ich eher selten. Meist wurden sie rasch abgelöst von den harten Bedingungen und den körperlich anstrengenden Anforderungen, die der Beruf an mich stellte. So war es auch diesmal. Das Planengestell des Lkws musste höher gestellt werden, damit statt zwanzig Dosen zweiundzwanzig Dosen übereinander geladen werden konnten. Da die höher zu stellenden Stangen schon angerostet waren, stellte das einen enormen Kraftakt dar, der mir trotz winterlicher Temperaturen die Schweißperlen auf die Stirn trieb. Nach zwei Stunden war ich endlich fertig und das auch nur, weil mir ein Kollege zur Seite stand und half. Gott sei Dank! So konnte ich abends noch weiter in Richtung Linz fahren.

Zu Gast in einem „Routier"

Für Lkw-Fahrer gibt es in Frankreich spezielle Gaststätten, sogenannte „Routiers", die nicht nur preisgünstige Mahlzeiten anbieten, sondern auch große Parkplätze für die Brummis und Duschmöglichkeiten für ihre Fahrer zur Verfügung stellen. Als ich in meiner beruflichen Anfangszeit das erste Mal vor einem Routier stand und die Tür zum Speisesaal öffnete, trat ich vor Schreck sofort einen Schritt zurück.

Der Speisesaal, der die Größe einer Sporthalle hatte, war voll besetzt mit Männern, keiner einzigen Frau, sondern mit Hunderten von Männern, die mich überrascht ansahen. Schnell zog ich die Tür von außen hinter mir zu. Ich fühlte mich fremd hier. Aber ich wollte ja als Lkw-Fahrerin arbeiten, wohlwissend, dass ich damit in eine Männerdomäne eintreten würde. Ich war unschlüssig, ob ich dem Routier den Rücken kehren und hungern oder meinen Mut zusammennehmen und mich in das Gewühl von Männern stürzen sollte. Mein knurrender Magen überzeugte mich einzutreten.

Nachdem ich mein Essen an der Selbstbedienungstheke abgeholt hatte, suchte ich mir einen Platz. Am liebsten hätte ich einen Tisch für mich allein gehabt. Mein Blick wanderte durch den Saal. Als ich sah, dass kein Tisch mehr frei war, blieb mir nichts anderes übrig, als an einem der vor mir stehenden Tische zu fragen, ob ich mich dazusetzen kann. Die Männer boten mir freundlich einen Platz an. Es war ein merkwürdiges Gefühl, die einzige Frau unter so vielen Männern zu sein, die aus ganz Europa kamen. Die meisten von ihnen waren offenbar froh, nach einer langen, anstrengenden Fahrt ihren Magen füllen und das eine oder andere Wort miteinander wechseln zu können. Durch die Wortfetzen, die ich aufschnappte, konnte ich erkennen, dass es sich um Italiener, Holländer, Franzosen, Deutsche und Spanier handelte.

Nein, auch Hunderte von Männern sind keine reißenden Bestien! Manchmal müssen wir unserem Herzen einen kleinen Schubs geben, um zu erkennen, dass der vermeintlich Fremde uns gar nicht so fremd ist, wie wir im ersten Moment dachten. Ich war erstaunt, wie schnell sich beim gemeinsamen Essen und dem einen oder anderen Wort, das wir miteinander wechselten, ein Gefühl von Gemeinschaft einstellte. Nach dem Essen verabschiedeten wir uns und wünschten uns eine gute Weiterfahrt. Gestärkt durch die Mahlzeit und die Erfahrung, die ich mit dem französischen Routier machen konnte, stieg ich in meinen Lkw und fuhr weiter in Richtung Mont-Blanc.

Das Fahrtenbuch vom Kiosk

Für die Spedition war es wichtig, dass die Fahrer die Fahrten genau dokumentierten. Dazu diente ein Fahrtenbuch, welches der Fahrer im Lkw mitzuführen hatte, in dem die zurückgelegten Kilometer und der Anlass der Fahrt schriftlich festgehalten wurden. Es diente zum Beispiel der Kraftfahrtbehörde oder dem Finanzamt als Nachweis. Heute finden die Aufzeichnungen in der Regel elektronisch statt. Damals war es üblich, die Daten handschriftlich in ein Buch einzutragen. Als ich noch neu in dem Beruf war, wurde ich von meinem Chef aufgefordert, ein Fahrtenbuch an einem bestimmten Kiosk mitzunehmen. Ich überlegte nicht lange, ging zu dem besagten Kiosk, welcher auch Schreibwaren anbot, und wollte dort ein Fahrtenbuch kaufen. Die Verkäuferin schaute mich irritiert an. Hat sie mich nicht verstanden? Aus ihrem Kopfschütteln las ich, dass sie keine Fahrtenbücher verkauft. Enttäuscht ging ich zum Telefon und berichtete meinem Chef, dass es hier am Ort keine Fahrtenbücher zu kaufen gibt.

Mein Chef lachte laut durch die Hörmuschel. Es dauerte einige Minuten, bis er sich wieder fing und mir erklärte, dass Fahrtenbücher von der Kraftfahrtbehörde nach bestimmten Kriterien ausgestellt werden. Sollte es mir gelingen, diese käuflich zu erwerben, würde er gleich eine ganze Lkw-Ladung beordern. Am Ende lachten wir beide. Ich hatte nicht nur gelernt, was ein Fahrtenbuch ist, sondern auch wie ich meinen Chef zum Lachen bringen konnte.

Der „Blaumann" in Aktion

In der kleinen Spedition, für die ich arbeitete, war es üblich, dass jeder mit anpackte und – wenn Not am Mann bzw. an der Frau war – auch ich mal in den „Blaumann" schlüpfte. Als unser Werkstattmeister einmal nicht zur Arbeit kam und am Lkw dringend Öl gewechselt, der Luftfilter gereinigt und der Anhänger abgeschmiert werden musste, war es für den Seniorchef und mich selbstverständlich, den „Blaumann" (meiner hatte die Farbe Rot) überzustreifen und uns selbst der Sache anzunehmen. Mir fiel in der Regel die Rolle der Assistentin zu, die jeden Handgriff genau beobachtete und nach Bedarf das Werkzeug reichte. Für mich war das Fortbildung pur.

Begegnungen in Spanien

Wie bereits erwähnt, gab es zu der Zeit, als ich mit dem Lkw unterwegs war, nicht die technischen Hilfsmittel, die es heute gibt, um an sein Ziel zu gelangen. Straßenkarten und Hinweisschilder waren oftmals die einzigen Informationsquellen, an die ich mich halten konnte.

Mal eben jemanden anzusprechen ist auf einsamen Strecken kaum möglich. Umso mehr bin ich dankbar für die Hilfe, die ich meist unverhofft und überraschend auf meinen Fahrten erfahren habe. So war es auch bei meiner ersten Fahrt nach Barcelona.

Kurz hinter der spanischen Grenze überholte mich ein deutscher Sattelzug. Da Sattelzüge in Spanien maximal 100 km/h fahren dürfen und damit schneller sind als ich mit meinem Lkw mit Anhänger, dessen erlaubte Höchstgeschwindigkeit bei 80 km/h liegt, funkte ich den Lkw-Fahrer in dem mich überholenden Sattelzug an. Ich fragte ihn, ob er wisse, wie ich zum Zollhof in Barcelona käme. Da ich nicht lenken, gleichzeitig das Funkgerät halten und schreiben konnte, erklärte er mir mehrmals geduldig den Weg, bis ich das Gefühl hatte zu wissen, wie ich fahren musste. Nach kurzer Zeit verschwand der Kollege aus meinem Funkbereich. Doch an der letzten Autobahn-Zahlstelle vor Barcelona sah ich ihn wieder. Er stand mit seinem Lkw rechts am Straßenrand. Als ich gerade dabei war, an der Zahlstelle meine Autobahngebühr zu bezahlen, kam er schnellen Schrittes mit einem Blatt Papier in der Hand auf mich zu: „Hier habe ich dir den Weg zum Zollhof genau aufgezeichnet", rief er mir von der Straße aus zu und hielt mir mit ausgestreckter Hand den Zettel hin und wünschte mir „Gute Fahrt!". Ich war gerührt, bedankte mich und fuhr weiter.

Nach meinen Berechnungen, die ich im Nachhinein anstellte, musste er – angesichts der höheren Geschwindigkeit, mit der er unterwegs war – mindestens eine halbe Stunde auf mich gewartet haben, um mir die Wegbeschreibung auszuhändigen. Zeit, die er sicherlich an anderer Stelle wieder einholen musste. Mithilfe der Aufzeichnung fand ich den Zollhof – wie von einem langen unsichtbaren Seil gezogen – auf Anhieb. Durch den Wirrwarr der Straßenführungen und ohne Ortskenntnisse wäre für mich der Weg schwierig zu finden gewesen. Mit einem Lkw kann man nicht einfach mal kurz wenden. Für mich war der Kollege wieder einmal ein von Gott gesandter Engel!

Aufgrund des unterschiedlichen Lohnniveaus in Europa ist es für deutsche Unternehmen mitunter kostengünstiger, ihre Produkte im Ausland, wie zum Beispiel in Spanien, fertigen zu lassen und sie anschließend nach Deutschland zu transportieren und dort zu verkaufen. Mein Auftrag bestand darin, eine Ladung Papierrollen nach Spanien zu transportieren und mit 20 t gefertigten Pampers wieder zurück nach Deutschland zu fahren. Nachdem ich geladen hatte, fuhr ich los in Richtung Deutschland. Bei meiner Ankunft in La Jonquera an der spanisch-französischen Grenze hatte der Zoll bereits geschlossen. Es war Samstagnachmittag. Das bedeutete, dass ich bis Montag festsaß.

Aus dieser Zwangspause machte ich das Beste: Über Funk fragte ich die Kollegen, die sich auf dem Zollhof befanden, wo man hier gut essen kann. Zwei Kollegen, die meine Funkanfrage hörten, antworteten und luden mich ein, gemeinsam in einem Lkw an den Strand von Roses, einem nahe gelegenen kleinen Küstenort, zu fahren. Ich überlegte kurz, ob ich es tatsächlich wagen kann, in ein fremdes Fahrzeug zu steigen. Meine Gedanken überschlugen sich: „Vielleicht trinken die beiden Fremden ein Glas über den Durst oder verbringen die Nacht in irgendwelchen Bars." Einerseits freute ich mich auf Gesellschaft beim Essen, andererseits wollte ich auf Nummer sicher gehen. Schließlich gab ich ihnen zu verstehen, dass ich lieber mit meinem Lkw fahren und ihnen folgen würde.

Da ich mit der Ladung den Zollhof nicht verlassen durfte, brückte ich den Motorwagen ab – und los ging die Fahrt zum Strand. Zu dritt bummelten wir über die Plaza und genossen das mediterrane Flair des kleinen Badeorts. Anschließend ging es ans Meer. Fröhlich und ausgelassen wateten wir durch das im März noch kalte Wasser, von einem Fuß auf den anderen tretend, damit die Kälte nicht durch den Körper steigen konnte. Kaum zu glauben, ich war in Spanien und stand im Meer! Es kam so ein richtiges Urlaubsfeeling auf.

Wir fanden ein schönes Speiselokal, direkt am Strand, in dem wir uns niederließen. Während die untergehende Sonne den Abendhimmel in leuchtend warme Töne verwandelte, genossen wir eine vorzüglich schmeckende Paella! Wir sprachen über das Fahren und unser Zuhause.

Nebenbei erfuhr ich, dass der Lkw-Fahrer, der mir an der letzten Zahlstelle vor Barcelona die Wegbeschreibung überreicht hatte, die

Kollegen gebeten hatte, sich ein bisschen um die deutsche Lkw-Fahrerin zu kümmern, die etwa zeitgleich mit einer Ladung Pampers auf dem Rückweg nach Deutschland sein müsste. „Sie fährt das erste Mal in Spanien. Passt ein bisschen auf sie auf", gab er ihnen mit auf den Weg. Ich war gerührt über die Fürsorge des Kollegen, dem ich nur flüchtig begegnet war.

Abends sah einer der Kollegen, dass mehrere junge Männer mit ihren Mofas immer wieder langsam an unseren Lkws vorbeizogen und sie aufmerksam fokussierten. Die Kollegen warnten mich: „In Spanien wird viel geklaut, Lkws werden aufgebrochen, da man darin Wertsachen vermutet. Auch Radios und Funkgeräte sind interessant." Um kein Risiko einzugehen, entschlossen wir uns, den landschaftlich schönen Strand zu verlassen und wieder auf den Zollhof zurückzufahren. Dort waren wir sicher, wenngleich das von Zäunen und Betonwänden umgebene Gelände eher trostlos wirkte und nichts mehr von der Urlaubsatmosphäre hatte, die wir am Strand genießen konnten. Es war eine schöne und ausgelassene Zeit – jetzt meldete sich unser Verantwortungsbewusstsein und mahnte zur Rückkehr.

Meine erste Portugal-Tour

Ende März 1990 startete ich zu meiner ersten Fahrt nach Portugal (siehe Landkarte im Fototeil). Am frühen Nachmittag brach ich von einer Wormser Chemiefirma in Richtung Porto auf. Während der Fahrt durch Frankreich, größtenteils auf der gut ausgebauten Nationalstraße N 74, reihten sich über weite Strecken Alleen mit Bäumen. Es war eine Freude, die Knospen sprießen und die ersten zarten Frühlingsblüten blühen zu sehen. Es jubelte in mir: Vive la France! Es lebe Frankreich! Voller Begeisterung über die herrliche Landschaft fuhr ich bis hinter Dijon. An diesem Tag hatte ich gute 600 km zurückgelegt. Als ich den Zündschlüssel abzog und das Licht ausknipste, war es kurz nach Mitternacht.

Am nächsten Morgen fuhr ich über Lyon, Avignon, Nimes, Montpellier und Perpignan weiter Richtung Barcelona. Anders als am Vortag regnete es fast ununterbrochen, was die Fahrt lang und monoton erscheinen ließ. Außerdem wirkte das Wetter ermüdend. Erst am Mittelmeer kam die Sonne wieder etwas durch. In solchen Zeiten schätzte ich den Funkkontakt mit anderen Fahrern in der Umgebung. Ich griff zum Funkgerät und unterhielt mich mit einem Kollegen, der die gleiche Route fuhr. So verstrich die Zeit schneller, und im Nu waren etliche Kilometer zurückgelegt. Außerdem freute ich mich über die Tipps, die ich für meinen Aufenthalt in Portugal erhielt. Schon bevor ich ankam, wusste ich bereits, worauf ich achten musste. Das gab mir ein Gefühl der Sicherheit.

Vor Barcelona entschloss ich mich nach knapp 800 km Fahrt, nach einer Parkmöglichkeit Ausschau zu halten. Ich war müde und erschöpft. Es war bitter: Alle Rastplätze waren belegt! Anders als zu Hause, wo man seinen Pkw in die Garage stellt und sich ins Bett fallen lässt, musste ich noch eine ganze Weile fahren, bis ich endlich einen Stellplatz für meinen „Dicken" gefunden hatte. Ich war froh, als ich endlich stand und den Fuß vom Pedal nehmen sowie den Zündschlüssel auf „aus" stellen konnte.

Früh am nächsten Morgen ging es weiter Richtung Madrid. Die Straße über die spanische Hochebene war landschaftlich sehr schön und erinnerte mich an die Bilder, die ich aus den USA kannte: kilometerlange, kerzengerade Highways und endlose Weiten, die ein Gefühl von grenzenloser Freiheit vermittelten. Weit und breit war keine Menschenseele zu sehen. Am Wegesrand sah ich vereinzelt ein paar Olivenhaine und Agaven, ansonsten war die Vegetation hier oben eher karg. Aufgrund der Höhe meines Sitzes im Fahrerhaus konnte ich während der Fahrt über das Hochplateau die Hügelkuppen in der Ferne und die darauf verlaufende Landstraße erkennen. Zu der frühen Morgenstunde entdeckte ich weit und breit kein Auto. Stattdessen ein herrliches Naturspektakel: Im Rückspiegel sah ich, wie die Sonne strahlend hell aufging. So in den Tag hineinzufahren, das war einfach herrlich! Das Fahren durch die einsamen und endlos wirkenden

Weiten der spanischen Hochebene faszinierte mich. Ich fühlte in mir eine grenzenlose Freiheit und hätte ewig so weiterfahren können! Das waren Momente, die alle Anstrengungen, die dieser Beruf mit sich brachte, in den Hintergrund treten ließen und ihn zu dem machten, was er ist: einzigartig!

Nach meiner kilometerlangen Fahrt über das Hochplateau genoss ich am Abend andächtig das herrliche Farbspiel der untergehenden Sonne, die die Berge in ein warmes Rot tauchte. Nach knapp siebenhundert Kilometern Fahrt kam ich schließlich in der Nähe von Madrid an. Die Sonne war längst untergegangen, als ich auf dem Rastplatz zum Stehen kam und die Vorhänge zuzog.

Nachdem ich gut geschlafen hatte, ging es am nächsten Morgen weiter Richtung Portugal. Am Grenzübergang Vilar Formoso legte ich eine Pause ein. Kaum zu glauben: „Jetzt bin ich so weit weg von zu Hause. Was wäre, wenn mir hier irgendetwas zustoßen würde?" Ich schob den Gedanken schnell wieder beiseite. Ob ich 500 km oder 2500 km von zu Hause weg war und irgendwo im Ausland fuhr, was machte das für einen Unterschied? Egal, wie weit ich mich von der deutschen Grenze entfernte, es änderte ja nichts an der Tatsache, dass ich mich im Ausland befand. Die Probleme wären in den Nachbarländern Deutschlands die gleichen wie hier in Portugal. Die Gewissheit, dass Gott immer bei mir ist, und die Freude am Fahren waren immer noch größer als die Sorge und ließen Gedanken wie diese schnell verblassen.

Als ich mich schon wieder auf den Weg machen wollte, sprachen mich zwei dänische Kollegen von der Spedition Christensen an. Sie sprachen ein wenig Deutsch. Nachdem wir uns nett unterhalten hatten, boten sie mir an, gemeinsam weiterzufahren, da es unterwegs eine Umleitung gäbe, die für einen Nicht-Ortskundigen schwer zu erkennen sei. Ihren Vorschlag nahm ich dankbar an. So fuhren wir zu dritt weiter, ich in der Mitte, vor und hinter mir einer der Kollegen. „Damit du nicht verloren gehst", wie sie meinten.

Die Fahrt nach Porto war das reinste Abenteuer. Talbrücken waren offenbar, jedenfalls zu meiner Zeit, in Portugal ein Fremdwort. Wir fuhren in Serpentinen im steten Wechsel bergauf und bergab, bei Gefällstrecken bis zu achtzehn Prozent. Vor jeder Serpentine gab es für Lkws Nothaltebuchten, die mit tiefem Kies gefüllt waren und in mit Sand gefüllten Fässern endeten. Das waren Ausweichen für Lkws, deren Bremsen beim Bergabfahren zu heiß liefen; so konnten sich die Lkw-Fahrer mit ihren „Brummis" in der Not darauf retten.

Vor jeder Kehre stand ein Schild, auf dem in mehreren Sprachen zu lesen war: „Lkw-Fahrer: Bitte in den ersten Gang schalten!" Da ich gewohnt war, recht zügig zu fahren, musste ich mich schnell umstellen. Meine Kollegen forderten mich ebenfalls eindringlich auf, die Berge nicht schneller hinab- als hinaufzufahren und möglichst nur mit der Motorbremse zu bremsen, damit die normalen Bremsen nicht heiß liefen, was zur Folge gehabt hätte, dass die Bremskraft nachlässt und der Lkw am Ende gar nicht mehr zu bremsen wäre.

Da ich bergauf mit 40 Tonnen Gesamtgewicht und einer Geschwindigkeit von zwanzig Stundenkilometern nur im ersten Gang fahren konnte, mehr schaffte mein 360-PS-Diesel nicht, fuhr ich bergab ebenfalls im ersten Gang, und zwar mithilfe der Motorbremse. Mit einem sogenannten „Retarder", das heißt, einer zusätzlichen Bremshilfe, war mein Lkw nicht ausgestattet. Mir war klar: Sicherheit geht vor Schnelligkeit! Alles andere wäre hier fahrlässig und gefährlich gewesen.

Das Ausmaß der Steigungen und Abfahrten wird deutlich, wenn man sich vorstellt, dass ich für rund 300 km Wegstrecke gute zehn Stunden gebraucht habe, bis ich in Porto ankam. Erst auf den letzten hundert Kilometern konnte ich, da diese Wegstrecke relativ eben war, wieder Gas geben und „Land gewinnen". Die beiden Kollegen waren so nett und eskortierten mich noch bis auf den Zollhof. Abends gingen wir – Axel, Jürgen und ich – in Porto noch schön Fisch essen. Die beiden wussten um gute und preiswerte Lokalitäten.

Samstag, 31.03.1990: Da ich nicht wusste, wie lange ich in Porto Aufenthalt haben würde bzw. wie lange es dauern würde, bis ich eine Rückladung avisiert bekäme, entschied ich, mir die Stadt mit dem Taxi anzuschauen. Das geht schnell und ist in Portugal auch recht preisgünstig.

Mit dem Lkw durfte ich den Zollhof ja nicht verlassen. Nach der Fahrt mit dem Taxi durch die hübsche, mittelalterliche Küstenstadt hatte ich Lust auf weitere Unternehmungen. Mit dem Stadtplan in der Hand machte ich mich sodann zu Fuß auf den Weg, um Porto noch einmal auf eigene Faust zu erkunden. Ich war beeindruckt von den vielen schönen historischen Gebäuden. Auffallend war das Nebeneinander von Arm und Reich, das fast schon selbstverständlich wirkte. Vor einem Juweliergeschäft saßen bettelnde Menschen, die den Passanten ihre offenen Hände entgegenstreckten. Neben einer schicken Villa stand eine Blechhütte, die offensichtlich bewohnt war. Ein Anblick, der mich traurig stimmte.

Beim Bummeln durch die Altstadt begegnete ich einer ärmlich gekleideten älteren Frau, deren Unterbeine amputiert waren. Sie saß mit den Knien auf der Straße und bot Blumen feil. Das vom Wetter gegerbte, faltige Gesicht der Frau sprach Bände; sie wirkte traurig. Mich berührte ihr Anblick, daher gab ich ihr einen größeren Geldschein. Sie wollte mir dafür Blumen geben, was ich dankend ablehnte. Aus den Augenwinkeln sah ich, wie sie mir lange nachsah. Offenbar war es für sie ungewöhnlich, einfach so, ohne Gegenleistung, etwas Gutes zu erhalten. Heute hätte ich es anders gemacht und ihr die Blumen abgekauft, um sie ihr als Geschenk zu überreichen. Vielleicht hätte ich der alten Frau damit ein Stück ihrer Würde zurückgegeben. Ich weiß es nicht ...

Sonntag: Als ich gegen 10 Uhr morgens die Augen aufschlug, blinzelten die ersten Sonnenstrahlen durch die zugezogenen Vorhänge meines Fahrerhauses. So langsam kam ich zu mir und dachte daran aufzustehen. Beim Zurückziehen der Vorhänge bot mir ein Kollege aus dem nebenan geparkten Lkw etwas zu essen an: „Moagst en Joghurt?", fragte er mich mit seinem tief bayerischen Dialekt. Dankbar lächelnd nahm ich an. Wenig später reichte er mir einen Bierkrug mit Bayernwappen! „Na", dachte ich, „jetzt kann ja nichts mehr schiefgehen." Als ich vom Duschen zurückkam, luden mich mehrere Kollegen, die gerade Speck mit Rührei brutzelten, spontan zum Frühstück ein. Es duftete schon von Weitem. Da konnte ich nicht widerstehen.

Den Abend verbrachten wir gemeinsam am Strand von Porto. Die Lkws stellten wir sternförmig am Strand auf. Dazwischen saßen wir. Während auf dem Grill mediterrane Köstlichkeiten brutzelten, griff einer der Kollegen zur Gitarre und begann zu spielen. Wir lauschten den sanften, teils fröhlichen, teils melancholischen Klängen, schauten über das Meer und ließen es uns schmecken. Lange dauerte es nicht, bis weitere Fahrer, die ebenfalls am Strand unterwegs waren, sich von der fröhlichen Atmosphäre angezogen fühlten. So saßen wir am Schluss mit dreizehn anderen Kollegen aus aller Herren Länder Europas am Strand zusammen, aßen und tranken und plauderten fröhlich, unter Zuhilfenahme von Händen und Füßen. Einer der Kollegen kam aus Holland, ein anderer aus Frankreich, andere aus Österreich, der Schweiz und Dänemark. Gemeinsam genossen wir den lauen Frühlingsabend, während am Horizont allmählich die Sonne unterging.

Montag nach dem Abladen: Da kein Auftrag für eine Rückladung vorlag, bekam ich Order, mit leerem Lkw zurück Richtung Spanien zu fahren, was sich günstig auf die Geschwindigkeit auswirkte, mit der ich die Auf- und Abfahrten über die portugiesischen Höhen und Täler nehmen konnte und damit auf die Zeit, die ich bis zur Grenze brauchte. Ich machte Halt in Vilar Formoso an der portugiesisch-spanischen Grenze. Bis ich wusste, wo ich für eine Rückladung nach Deutschland hinfahren sollte, nutzte ich die Zeit, um den Lkw zu säubern, hielt ein Nickerchen und hörte Musik.

Endlich erhielt ich die Order, dass in der Nähe von Cáceres (Spanien) eine Rückladung auf mich wartete; dieses Mal waren Schieferplatten meine Fracht. Die Fahrt war angesichts der sehr heißen Temperaturen und der Tatsache, dass ich keine Klimaanlage im Lkw hatte, anstrengend. Hinzu kamen die schlechten Straßenverhältnisse, bei der die Federung des Lkws zu quietschen begann. Nach rund 500 km Fahrt suchte ich in der Nähe von Burgos einen Rastplatz auf. Es war schon spät und Zeit, die Vorhänge zuzuziehen.

Am nächsten Morgen fuhr ich weiter nach Irun, wo ich am Vormittag auf dem Zollhof ankam. Nachdem ich meine Zollpapiere erhalten und die Grenze zu Frankreich passiert hatte, entschied ich mich, weiter auf der unter Brummi-Fahrern als „Route Express" bekannten Transit-Strecke Richtung Deutschland zu fahren. Wie der Name bereits sagt, handelt es sich um eine der schnellsten Verbindungen, die quer durch Frankreich und vorbei an den Städten Bordeaux, Angoulême, Limoges, Montluçon, Besançon und Mulhouse verläuft. Ein weiterer Vorteil war, dass auf Frankreichs Landstraßen die Mautgebühr entfiel. Die Landschaft war abwechslungsreich: Neben Pinienwäldern fuhr ich vorbei an Bergen und Hügeln, auf denen Wein wuchs, gefolgt von Feldern und Wiesen. Auf den Wiesen weideten Kühe, Lämmer und Schafe. Ein Bild, das von einer intakten Welt zeugte und Ruhe ausstrahlte. Wichtig war für mich, dass es auf der Strecke immer wieder „Routiers" gab, Gaststätten, die auf die Bedürfnisse der Lkw-Fahrer abgestimmt waren und in denen ich mich stärken konnte. Nach knapp 800 km Fahrt knipste ich schließlich gegen Mitternacht das Licht aus.

Bei Dauerregen und starkem Nebel fuhr ich am nächsten Morgen von Montluçon aus weiter. Die Straße war holprig und die Sicht katastrophal, sodass ich mich doppelt konzentrieren musste. Von der Landschaft bekam ich nichts mit, die Fenster waren beschlagen und die Scheibenwischer im Dauereinsatz. Meine ganze Aufmerksamkeit galt der Straße bzw. den nächsten Metern, die davon noch zu erkennen waren. Hauptsache, es geht vorwärts – weiter, immer weiter – nach dem Motto: „Augen zu und durch" oder vielmehr „Augen auf und durch". Jammern kam nicht infrage und hätte auch nicht geholfen. Was mir im Kampf mit den Elementen, die sich gegen mich verschworen zu haben schienen, wirklich half, war das Gebet; es gab mir Ruhe und Gelassenheit. So konnte ich innerlich einen Gang herunterschalten und langsam, aber sicher mein Ziel – Bienwald, die Grenze zu Deutschland – erreichen.

Ostern in der Toskana

Es war Gründonnerstag, als ich am Nachmittag in Mailand ankam und die Papiere erhalten habe. In Italien besteht von Karfreitagmittag bis Ostermontagabend Fahrverbot für Lkws. Deshalb bot mir mein Disponent an, den Lkw in Italien stehen zu lassen und mit der Bahn über Ostern nach Hause zu fahren. Meine Vorstellungen waren anders. Wenn ich schon mal hier war, wollte ich die Gelegenheit nutzen und mir die Toskana anschauen. Die Abladefirma, zu der ich als Nächstes musste, befand sich in Santa Croce sull'Arno, einem kleinen Gerberdorf in der Toskana. Also fuhr ich weiter in diese Richtung. Am Abend durfte ich einen wunderschönen Sonnenuntergang erleben. Meine Entscheidung, das Wochenende in Italien zu verbringen, habe ich nicht bereut.

Karfreitag: An diesem Morgen war ich fasziniert von der Schönheit, mit der die Sonne über den Hügeln der Toskana aufging und dem Tag etwas vom Grau des Karfreitags nahm. Um 8 Uhr kam ich auf dem Gelände der Firma Trumpler in Santa Croce an. Während die Lagerarbeiter mit dem Abladen der Fracht beschäftigt waren, lud mich der Lagermeister zum Cappuccino in die örtliche Trattoria ein. Um 10 Uhr fuhr ich weiter Richtung Pisa. Ich war froh, dass ich noch rechtzeitig vor dem Lkw-Fahrverbot ab 14 Uhr einen schönen „Autogrill" – so nennt man die italienischen Raststätten – fand.

Die Autogrills verfügen im Allgemeinen über recht komfortable sanitäre Einrichtungen und gutes Essen. Um ein Bett brauchte ich mich nicht zu kümmern, denn mein „Wohnmobil" hatte ich ja immer bei mir. Als zusätzlichen Luxus hatte ich dort etwas abseits vom Autobahnlärm einen schönen Stellplatz für meinen Lkw mit herrlicher Aussicht auf die angrenzenden toskanischen Berge gefunden. Ich war glücklich. Ostern konnte kommen!

Während ich den Blick über die grünen Hügel schweifen ließ, überlegte ich, wie ich in der mir zur Verfügung stehenden Zeit diese herrliche Gegend am besten erkunden könnte. Den Lkw durfte ich über die Feiertage ja nicht benutzen, sodass mir nur die Möglichkeit blieb, einen Mietwagen zu nehmen. Doch wie kam ich in dieser Einöde an einen Mietwagen? Mietwagen werden normalerweise am Flughafen angeboten. Ich fuhr also mit dem Taxi zum Flughafen von Pisa. Und tatsächlich gab es in der kleinen, überschaubaren Halle des

Provinzflughafens einen Schalter für Mietwagen. Ich entschied mich für einen kleinen Fiat Uno, der mich für vier Tage 222.000 Lire kostete. Nicht ganz billig, aber damit war ich mobil, und das war es mir wert. Wer weiß, ob ich nochmals in die Toskana käme.

Ich setzte mich ans Steuer und fuhr die Mittelmeerküste entlang. Vorbei an Olivenhainen konnte ich immer wieder einen Blick auf das Meer werfen, das mir unendlich weit und unbeschreiblich schön vorkam. Bei wolkenlosem Himmel sah ich zu, wie die Sonne am Horizont allmählich im Meer verschwand. Ein stimmungsvolles Bild: Über dem türkisfarbenen, in der Sonne silbern glitzernden Wasser färbte sich der strahlend blaue Himmel allmählich in gelb-orangefarbene bis blutrote Töne. Ich saß am Strand und lauschte der immer gleichlautenden Melodie der sanft am Strand ankommenden, sich kräuselnden Wellen. Ich hätte noch lange so sitzen bleiben und die unendliche Weite genießen können. Meine Augen konnten sich gar nicht satt sehen, ein Genuss für die Seele! Spätabends bin ich bei meinem „Wohnmobil" angekommen. Reich an Eindrücken und dankbar für das Erlebte fiel ich glücklich und müde in mein Bett.

Ostersamstag: Um 8 Uhr bin ich aufgestanden. Draußen schien die Sonne, und es drängte mich hinaus ins Freie, in die zart blühende, liebliche Landschaft der Toskana, die ich mit allen Sinnen entdecken und erkunden wollte. Ich entschied, in Richtung Siena aufzubrechen. Auf der Fahrt dorthin boten sich mir herrliche Blicke auf das Meer und die Berge. Da ich mit dem Pkw unterwegs war, konnte ich einsame, über das Land führende Nebenstrecken nehmen, die – gesäumt von hoch gewachsenen Zypressen – sich durch die Toskana schlängelten. Es war herrlich, einfach so in den Tag hineinzufahren ohne Zeit und Raum. Da ich Lust auf einen Cappuccino hatte, hielt ich an einer kleinen Kaffeebar, die am Wegesrand lag.

Der Wirt empfing mich freundlich, und die wenigen Gäste, die sich in dem Raum befanden, richteten für einen Moment neugierig ihre Blicke auf mich, bevor sie sich weiter unterhielten. Das Lokal war mit einer Holztheke und wenigen Holztischen und Holzstühlen ausgestattet, einfach, aber sauber. Drei Arbeiter standen an der Theke und schienen sich zu wundern, dass ich allein unterwegs war. Wir kamen ins Gespräch. Mit ein paar Brocken Italienisch und unter Zuhilfenahme von Händen und Füßen erklärte ich, dass ich Fernfahrerin sei, mit dem Lkw aus Deutschland käme und Ostern in der Toskana verbrächte. Sie schmunzelten und lachten ungläubig. Trotz meiner Erklärungsversuche konnte ich anhand ihres zweifelnden Gesichtsausdrucks, den hochgezogenen Augenbrauen und den Falten auf ihrer Stirn erkennen, dass sie mir wenig Glauben schenkten. Ich dachte: „Auch nicht schlimm, dann eben nicht!" Nach einem freundlichen Verabschieden stieg ich in meinen Fiat Uno und fuhr weiter.

Als ich in Siena ankam, war von Ruhe und Beschaulichkeit und einer Heile-Welt-Idylle nichts mehr zu spüren. Stattdessen jede Menge Touristen! Na klar, das hätte ich mir ja denken können. Es war Ostern, und ich war nicht die Einzige, der die Idee kam, nach Siena zu fahren! Wenn ich etwas von der Stadt sehen wollte, blieb mir nichts anderes übrig, als mich in die Menschenmenge hineinzubegeben. So schön Siena auch ist, ich war froh, nach einigen Stunden Stadtbesichtigung wieder in mein kleines Auto zu steigen, die mit Touristen volle Stadt hinter mir zu lassen und für mich allein sein zu können. In aller Ruhe fuhr ich zurück und freute mich darauf, abseits von dem Touristenrummel in mein „Wohnmobil" steigen zu können und den Tag entspannt ausklingen zu lassen.

Ostersonntag: Das trübe Wetter am Morgen lud nicht gerade zu Unternehmungen ein, sodass ich den Tag auf der Raststätte verbrachte. Ich schrieb Ansichtskarten an Freunde, las Zeitschriften und hörte Musik. Ein Tag, an dem ich die vielen Eindrücke der letzten Tage noch einmal Revue passieren lassen und mich erholen konnte.

Ostermontag: Wie verwandelt man ein Schlafzimmer in ein Wohnzimmer und das bei einem Lkw? Ganz einfach. Man zieht die vor dem Schlafengehen zugezogenen Vorhänge zur Seite, und schon ist aus einem Schlaf- ein Wohnzimmer geworden. Was sah ich? Sonnenschein und einen wolkenlosen Himmel!

Für heute hatte ich mir Pisa vorgenommen. Den berühmten schiefen Turm wollte und musste ich unbedingt sehen. Pisa erwies sich als schöne, alte und gepflegte Universitätsstadt, durch deren Gassen ich gerne schlenderte. Mein Blick fiel auf eine Kutsche, mit der Touristen stilvoll durch die Straßen der Altstadt chauffiert wurden. „Das ist es!", dachte ich, steckte meinen Reiseführer weg und bestieg die Kutsche. So bekam ich deutlich mehr von Pisa mit, als wenn ich zu Fuß ginge.

Das gleichmäßige Hufgetrappel, der Geruch des Ledergeschirrs, in das sich die Ausdünstungen des Pferdes mischten, empfand ich als sehr angenehm und wohltuend, vielleicht auch, weil ich früher mit Pferden zu tun hatte.

Ich merkte, wie einige Leute – hauptsächlich männlichen Geschlechts – am Straßenrand stehen blieben und mir nachsahen. Für die Italiener war es offenbar ungewöhnlich, eine junge, blonde Frau allein in einer Kutsche sitzen zu sehen. Ich kam mir vor wie auf dem Präsentierteller und wäre am liebsten im Erdboden versunken. Es war mir peinlich, so angestarrt zu werden. Also machte ich aus der Not eine Tugend und winkte den „Zuschauern" freundlich zu. Sie winkten freundlich zurück. „Na also, es geht doch!" Ich kam mir auf einmal vor wie die Queen.

Auf der Rückfahrt zu meinem Rastplatz hielt ich an einer kleinen, einsamen Strandbucht, setzte mich dort in den Sand und blickte auf das türkis-silbern schimmernde Meer, über dem sich das große Himmelszelt ausbreitete. Es war ein Moment der Glückseligkeit: vor mir die unendliche Weite des Meeres, an dessen Horizont sich Himmel und Erde berührten. Da war es wieder: dieses herrliche Gefühl des Seins. Wie schön ist diese Welt! Ich fühlte mich ganz eins mit ihr und war weit weg von dem, was mich im Alltag beschäftigte und meist viel zu sehr in Beschlag nahm. Ich hätte bis in alle Ewigkeit dort sitzen bleiben, schauen und staunen können. Stundenlang lauschte ich dem Kräuseln der sanft ankommenden Wellen – eine nie enden wollende, wundersame Melodie. Und das schon seit Jahrtausenden. Faszinierend!

Je nach Stand der Sonne änderte sich die Farbe des Meeres fast stündlich: Mal war es hellblau, mal dunkelblau, mal türkis. Das Spiel der Sonne, deren Licht die Wellen glitzern und leuchten ließ, erinnerte mich an Millionen Diamanten, die auf dem Wasser tanzen. Wie groß ist Gott, der Himmel und Erde und das ganze Universum geschaffen hat!

Das Wertvollste an Ostern bedeutet für mich jedoch, dass Jesus Christus nicht im Grab geblieben, sondern vom Tod auferstanden ist. Unter den vielen Glaubensrichtungen ist er der einzige Gott, der dem Tod nachweislich ein für alle Mal die Macht genommen hat und ewiges Leben schenkt. Durch den Glauben an ihn bin ich gewiss, dass mein Leben im Himmel erst richtig anfängt. Wie geschrieben steht: In ewiger unaussprechlich großer Freude werden wir allezeit beim Herrn sein (sinngemäß nach 1. Petrus 1,8).

Ich bin unendlich froh und dankbar, dass ich an den Gott der Liebe – Jesus Christus – glauben darf. Er schenkt mir Freude, Friede, Kraft, Hoffnung und ewiges Leben. Es gibt für mich nichts Wertvolleres, als an diesen Gott zu glauben!

Dienstag: Um 8 Uhr gab ich den Leihwagen am Flughafen ab und fuhr anschließend mit dem Taxi zurück zum Lkw und damit zurück in den Alltag, auf den ich mich – gestärkt durch die Erlebnisse der vergangenen Tage – auch wieder freute. Mein nächstes Ziel war Lucca in der Toskana, wo ich eine neue Ladung erhielt. Anschließend fuhr ich über Genua und Alessandria nach Aosta.

Als ich in Aosta ankam, zogen plötzlich dunkelgraue bis schwarze Wolken über den Bergen auf. Offensichtlich braute sich da gerade ein Gewitter zusammen. Im nächsten Moment erscholl bereits ein Grollen, das auf mich unheimlich und bedrückend wirkte. Da mein Lenkzeitlimit bereits erreicht war, beschloss ich, für heute Feierabend zu machen, die Vorhänge zuzuziehen und mich mittels Tiefschlafs auszuklinken.

Ein wunderbarer „Navigator"

Ein anderes Ziel, das ich anzufahren hatte, war die Chemiefirma Röhm in Worms. Ich fuhr rechtzeitig los, da ich mich vor Ort nicht auskannte. Der Stadtplan von Worms lag griffbereit neben mir, als kurz vor Worms ein mit Chemikalien beladener Tanklastzug direkt vor mir auf die

Fahrbahn einbog. Ich dachte mir: „So zielsicher, wie der fährt, führt er mich entweder zu der besagten Chemiefirma, oder meine Verfolgungsjagd endet auf einem Autobahnzubringer." Ich ging das Risiko ein und klemmte mich hinter ihn. Unbemerkt lotste mich der Tankwagenfahrer genau dorthin, wo ich hinmusste. So habe ich kostbare Zeit gespart, denn das Suchen im Stadtplan und das Fragen von Passanten, auf das ich mich innerlich schon eingestellt hatte, war nicht mehr notwendig. Im Nachhinein kam es mir vor, als ob ich – wie von unsichtbarer Hand – direkt zur Firma Röhm geleitet wurde. Gott führt einfach wunderbar in den großen wie auch in den kleinen Dingen des Alltags!

Schikane im Alltag

Mein Ziel war eine weitere Firma in Worms, bei der ich Ledergerbungsmittel, Lederöle und Fette laden sollte. Dafür musste ich mit dem Hängerzug seitlich an die Laderampe heranfahren. Das war für mich – ich war öfters zum Laden dort – nie ein Problem gewesen. Diesmal wies mich der Lagerarbeiter jedoch wiederholt an, immer noch einen Zentimeter näher an die Rampe heranzufahren. Der Abstand zwischen Laderampe und Lkw betrug nur noch eine Handbreit, wohlbemerkt seitlich. Der Lagerarbeiter zeigte sich ungerührt und ließ nicht locker. Er bestand darauf, dass ich weiter an die Rampe heranfahren sollte, noch einen Zentimeter und noch einen Zentimeter. Ich fing an, mich zu ärgern. Das roch nach Schikane. Zum Beladen musste er nicht auf meinen Lkw auffahren, sondern konnte die Fässer mit den langen, beweglichen Greifarmen des Staplers problemlos hinüberhieven und im Lkw abstellen. Irgendwann reichte es mir. Innerlich aufgewühlt, aber äußerlich ruhig schloss ich den Lkw ab, ging in das Verwaltungsgebäude und fragte nach dem Betriebsleiter. „Wenn mir einer helfen kann, dann nur er", dachte ich mir. Also ging ich in meiner Not direkt zu „Schmidt" und nicht zu „Schmidtchen".

Bevor ich das Büro des Betriebsleiters betrat, zog ich meinen Arbeitskittel aus, den ich während des Ladevorgangs und zum Hantieren an den Bordwänden anhatte, wusch mir die Hände und reinigte die Fingernägel mit einer Wurzelbürste, die ich immer mitführte. Trotz Arbeitshandschuhen, die ich beim Ladevorgang stets trug, wurden die Hände und Fingernägel meist schmutzig. Für mich war ein adrettes und gepflegtes Aussehen stets wichtig, was in diesem Beruf des Öfteren mit einem gewissen Umstand verbunden war.

Ich dachte: „Wie wird der Betriebsleiter reagieren? Wird er mich belächeln und denken: ‚Ach, eine Frau kann halt nicht fahren?‘ Oder wird er mich ernst nehmen?" Ich kratzte mein ganzes Selbstvertrauen zusammen, bevor ich die Vorzimmertür ansteuerte. Die Dame im Vorzimmer wies mir freundlich den Weg in sein Büro, ich könne eintreten. Trotz meiner Aufregung trug ich dem Betriebsleiter ruhig und sachlich mein Anliegen vor, ohne den Lagerarbeiter anzugreifen. Ich hatte das Gefühl, er nimmt mich ernst. Er erklärte mir freundlich, dass er das Problem lösen werde, ich könne zu meinem Lkw zurück gehen. Aus den Augenwinkeln sah ich noch, dass er den Telefonhörer bereits in der Hand hielt.

Als ich wieder im Lager war, konnte der Staplerfahrer auf einmal problemlos mit dem Ladevorgang beginnen. „Na also", dachte ich, „geht doch!" Da ich mich nicht gerne im Bösen von jemandem verabschiede, ging ich zum Lagerarbeiter, reichte ihm die Hand und bedankte mich für das Beladen. Da ich öfter in der Firma zu tun hatte, gab ich ihm zu verstehen, dass es mein Wunsch sei, zukünftig gut zusammenzuarbeiten. Die Botschaft schien angekommen und die Rollen geklärt zu sein, jedenfalls konnte ich mich über weitere Vorkommnisse dieser Art nicht mehr beklagen.

Bier oder Lektüre?

Unterwegs kam es immer wieder mal vor, dass ich dankbar die Unterstützung hilfsbereiter Kollegen oder Lagerarbeiter in Anspruch nahm, insbesondere wenn es darum ging, den Lkw abzuplanen – eine Tätigkeit, die für mich als Frau kräftemäßig eine Schinderei bedeutete. Diese Art der Tätigkeit kam Gott sei Dank nicht oft vor. Um mich erkenntlich zu zeigen, hatte ich immer ein paar Dosen Bier dabei. Denn auch in südlichen Ländern wird deutsches Bier sehr geschätzt.

Doch mir wurde klar, dass es noch etwas Wertvolleres als deutsches Bier gibt. Ich ersetzte das halbe Dutzend Dosenbiere durch ein Buch, das mir selbst viel bedeutet, weil es zu dem hinführt, der für mich zur Lebensgrundlage geworden ist. Das Buch mit dem bezeichnenden Titel „Jesus, unser Schicksal" ist von dem evangelischen Pfarrer und Bestsellerautor Wilhelm Busch geschrieben und in mehrere Sprachen übersetzt. Ich hatte immer einige Exemplare in der Sprache dabei, die in den Ländern, durch die ich meistens fuhr, gesprochen wurde.

Wo immer ich einem hilfsbereiten Menschen begegnete, der mir zur Seite sprang, überreichte ich als Dankeschön ein solches Buch in der Hoffnung, dass es dem, der es liest, den Weg zu Gott ebnet und ihn um einige Erkenntnisse reicher macht. Vielleicht ist der eine oder andere darüber ins Nachdenken gekommen und konnte den Sinn seines Lebens auf eine neue Grundlage stellen und die Liebe Gottes erstmals oder wieder neu für sich entdecken.

Die sanitären Anlagen –
der Erfindergeist kennt keine Grenzen

Die sanitären Anlagen, die ich unterwegs angetroffen habe, verdienen es, dass ich ihnen einige Zeilen widme, denn sie zeugen mitunter von viel Kreativität.

Auf einem Rastplatz in Spanien glichen die Toilettentüren den Eingangstüren eines Westernsaloons: Es gab lediglich Pendeltüren, die oben und unten offen waren. Immerhin konnte ich sie mit einem Riegel verschließen.

Spannend war mitunter die Frage, wie ich das Wasser am Handwaschbecken zum Laufen brachte.

Einmal stand ich mit eingeseiften Händen am Waschbecken, als das Wasser plötzlich ausblieb. Verdutzt fragte ich mich, wo das Wasser bleibt. Mit fuchtelnden Handbewegungen, die ich in kleineren und größeren Abständen zum Wasserhahn vollzog, versuchte ich, das Gerät wieder in Bewegung zu setzen. Leider vergeblich. Der neben mir stehenden Person ging es genauso. Wir suchten gemeinsam nach einer Lichtschranke, die wir dann auch fanden, allerdings nicht am Wasserhahn oder am Waschbecken, sondern an der Decke! Der Wasserfluss reagierte also auf die Bewegung des Oberkörpers vor dem Waschbecken. Eine interessante Konstruktion.

Nicht wenige Male erlebte ich, dass das Wasser am Waschbecken mittels einer Fußpumpe, die unter dem Waschbecken angebracht war, zum Laufen gebracht werden musste, bevor ich mir die Hände waschen konnte. Derartige Anlagen wirkten auf mich ziemlich nostalgisch, wie ein Relikt aus vergangenen Zeiten. Aber was soll's, Hauptsache, man kam dem Wasser im wahrsten Sinne des Wortes „auf die Spur".

Als ich auf einer italienischen Raststätte ankam, hatte ich es ziemlich eilig, auf die Toilette zu kommen. Die sanitären Anlagen waren neu und sehr modern mit einem futuristischen Design ausgestattet, das mich an die Fernsehserie „Raumschiff Enterprise" erinnerte. An den Toilettentüren konnte man von außen allerdings nicht erkennen, ob sie frei oder besetzt waren. Auch war für mich nicht ersichtlich, wie sie auf- und zugingen. Ich ging davon aus, dass es sich um ganz normale Türen mit Scharnieren handelte. Ich zog und rüttelte an den Türen. Offenbar verbarg sich hinter jeder ein Gast. So übte ich mich in Geduld und wartete. Es blieb still, nichts rührte sich, und keine der Türen ging auf. „Komisch!", dachte ich. Ich zog und rüttelte erneut, vergeblich. Es wurde allmählich „eng". Ein Gast kam herein. Gespannt verfolgte ich, wie er mit dem Hindernis, das mir den Zugang zum WC versperrte, umging. Ich traute meinen Augen nicht: Er schob die Toilettentür behutsam zur Seite und ging hinein. Das hatte ich bislang noch nicht erlebt: Schiebetüren vor Toiletten.

So war der Besuch des stillen Örtchens im Ausland zum Teil mit Überraschungen, einem Stirnrunzeln oder Schmunzeln verbunden.

Die Duschen in den Raststätten waren mal mehr, mal weniger sauber. Daher hatte ich beim Duschen immer Badeschlappen an, um so wenig wie möglich mit irgendetwas in Berührung zu kommen. Mitunter kam es auch vor, dass nur kaltes Wasser aus der Dusche kam – und das im September! Aber besser kalt als gar nicht duschen. In diesem Beruf wird man eben mit der Zeit robust.

Das gilt auch für die Unterscheidung von Herren- und Damen-Duschen. An der Grenzstation zu Portugal in Vilar Formoso wollte ich meine Pause nutzen, um zu duschen. Eine Damen-Dusche suchte ich vergebens. So nahm ich meinen Mut zusammen und ging festen Schrittes, den Blick nach vorn gewandt durch das von Männern benutzte Pissoir, vorbei an den Toiletten zu den Duschen. Der Weg dorthin war mir ziemlich unangenehm. Aber ich bin angekommen und habe mein Ziel erreicht.

Auch hier wurde mir wieder bewusst, dass ich in einem Beruf tätig war, der fast ausschließlich von Männern ausgeübt wurde. Im Laufe der Zeit hatte ich mich daran gewöhnt, auch an die überraschten Gesichter der Kollegen, wenn ich zielstrebig die Männertoilette passierte, um zu den Duschen zu gelangen. Für mich war wichtig, dass es sich um eine Einzeldusche handelte, die abschließbar war.

Im Übrigen nahm es mir die Hemmschwelle, notfalls auch mal die Herrentoilette aufzusuchen, wenn die Schlange vor der Damentoilette lang und meine Zeit begrenzt war.

Der Alltag: Von schönen Landschaften, gutem Essen und Kilometern

27.05.1990: Vor mir lag ein weiter Weg, der mich von Schwetzingen über Frankreich nach Saragossa im Osten Spaniens führen sollte. Nach mehreren Hundert Kilometern Fahrt suchte ich mir in der Nähe von Nimes einen Rastplatz zum Übernachten. Kaum dass ich stand, parkte neben mir ein „Frigo", ein Kühl-Lkw. Als ob ich es geahnt hätte: Die ganze Nacht über dröhnte das Kühlaggregat, sodass ich kaum schlafen konnte.

MEIN GELEBTER TRAUM

Helga Blohm

Von gestern …

... bis heute

© Christoph Blüthner

Bei Dirk …

„Mein" Lkw

Der neue Lkw

Pause in Südfrankreich

Am Strand – Portugal

Hofeinfahrt mit Tücken … mit Anhänger

Das damalige „Flaggschiff" Renault Magnum 500,
500 PS, V 8, 16 l Hubraum

Renault Magnum 500, fotografiert an der spanisch-portugiesischen Grenze Vilar Formoso

Wechsel zu einer anderen Spedition

Von Pescara nach Rom – durch die Abruzzen

Meine erste Portugal-Tour – Spanische Hochebene

Ostern in der Toskana

Fahrt nach Turin

Wochenende in Südfrankreich

Portugal-Tour – Lissabon

Am nächsten Morgen um 7 Uhr ging es weiter Richtung Süden. Staunend nahm ich die Farben und Düfte um mich herum wahr: den blühenden Ginster, das tiefblaue Mittelmeer und den in Blüte stehenden Oleander. Ein die Sinne betörender Rausch aus Farben und Düften. In dem Moment konnte ich mir wieder einmal keinen schöneren Beruf als den einer Lkw-Fahrerin vorstellen, für mich war und ist es der Traumberuf! Mit dem Lkw quer durch Europa zu fahren, sich die Welt anzuschauen und dafür auch noch bezahlt zu werden – was gibt es Schöneres? Während andere Berufstätige zum Essen in die Kantine gehen, freute ich mich, mein Mittagsmahl direkt am Meer in der Nähe von La Jonquera an der französisch-spanischen Grenze einnehmen zu können. Es gab Seezunge, einfach köstlich! Gegen 22 Uhr kam ich schließlich bei Opel in Saragossa an, wo ich die Nacht auf dem großen Lkw-Parkplatz des Firmengeländes verbrachte.

Auch in dieser Nacht habe ich kaum geschlafen, da fast ununterbrochen über Lautsprecher Lkws zum Entladen aufgerufen wurden. Um 6 Uhr war mein Lkw an der Reihe. Eine Stunde später hatte ich bereits abgeladen, sodass ich kurz nach 7 Uhr mit einem leeren Lkw dastand. Da für mich noch kein Auftrag für eine Rückladung vorlag, sollte ich erst mal abwarten und zu einem späteren Zeitpunkt noch einmal anrufen. In der Zwischenzeit konnte ich duschen und in einem in der Nähe gelegenen Restaurant einen wunderbaren Seeteufel mit Krabben essen. Am Nachmittag erhielt ich dann die Order, in Richtung Italien aufzubrechen. Ich fuhr bis in die Nähe von Montpellier in Frankreich, wo ich nach etwa 600 km Fahrt gegen Mitternacht ankam und den Zündschlüssel auf „aus" stellte.

30.05.1990: An diesem Morgen ging es weiter über den Fréjus-Pass in Frankreich in Richtung Turin. Nach über 500 km Fahrt erreichte ich gegen 20 Uhr einen Parkplatz in der Nähe von Rosta, wo ich übernachtete. Die angrenzende Wiese war frisch gemäht. Der herrliche Duft des Heus drang in mein Fahrerhaus und erinnerte mich an die Urlaube, die ich als Kind mit meinen Eltern im Allgäu verbrachte. Ich atmete den Duft tief ein und gab mich der Erinnerung an schöne

Kindheitserlebnisse hin. Erfüllt von diesem Wohlgeruch bin ich in einen tiefen Schlaf gesunken.

31.05.1990: Um 8 Uhr wurde der Lkw beladen. Nach der zügigen Abwicklung am Zoll bin ich an dem Tag über den Mont-Blanc und am Genfer See vorbei bis nach Besançon im Osten Frankreichs gefahren, wo ich gegen 21 Uhr ankam und beschloss, Feierabend zu machen.

01.06.1990: Nach fast 3000 km Fahrt in sechs Tagen kam ich am frühen Freitagnachmittag bei der Firma Trumpler in Worms an, für die die Ladung bestimmt war. Ausnahmsweise wurde der Lkw noch am selben Tag entladen, sodass ich anschließend gleich weiter zur BASF in Ludwigshafen fahren konnte, bei der der Lkw mit neuem Frachtgut beladen wurde.

Von dort ging es weiter zum Flughafen nach Köln, wo ich gegen 22:30 Uhr ankam. Eineinhalb Stunden später war die Fracht abgeladen, sodass ich die Rückfahrt antreten konnte. Gegen 3 Uhr am frühen Samstagmorgen kam ich etwas abgekämpft, aber auch glücklich zu Hause an. Eine lange und anstrengende Arbeitswoche, gespickt mit schönen Erlebnissen und dem Duft der weiten Welt, lag hinter mir. Schön, wieder zu Hause zu sein!

Da ich in den kommenden Tagen weitere Strecken zurücklegen musste, hatte ich bei meiner Spedition darum gebeten, dass der Lkw zuvor noch gewaschen und inspiziert wird. Neben der Motorbremse sollten das Funkkabel und das Anhängerventil überprüft und der Wasserkanister, den man mir zugesagt hatte, am Lkw installiert werden. Als ich in der Werkstatt ankam, war nichts von alledem erledigt. Ich war wütend. Mein Chef, der meinen Ärger mitbekommen hatte, sagte zu, dass er sich der Sache annehmen werde.

Tags darauf: Mein Auftreten hatte Wirkung gezeigt: In einer der nächstgelegenen Lkw-Werkstätten konnte ich durch die Waschanlage fahren und die notwendigen Reparaturen durchführen lassen. So konnte ich sicher und in einem sauberen „Brummi-Gewand" starten – diesmal nach Italien. Tagebucheintrag: Weiterfahrt 11 Uhr bis zum Mont-Blanc, rund 600 km gefahren. Feierabend: 22 Uhr.

Am darauffolgenden frühen Morgen ging es dann weiter über die Alpen nach Italien. Nach guten 600 km Fahrt übernachtete ich in der Nähe von Florenz auf einem sehr schön gelegenen Rastplatz etwas abseits vom Trubel der Straße. Beim Abendessen traf ich auf eine kleine Gruppe italienischer Kollegen, die mich zu einem Cappuccino einluden. Das fand ich richtig nett.

Am nächsten Morgen brach ich um 6 Uhr in Richtung Neapel auf. Nach knapp 700 km Fahrt erreichte ich gegen Abend das kleine Bergdorf, in dem die Firma lag, für die die Ladung bestimmt war. Nach einem langen Arbeitstag mit sommerlich heißen Temperaturen hatte ich das Bedürfnis, abends zu duschen. Weder in der Firma noch in der näheren Umgebung schien es eine Möglichkeit zum Duschen zu geben. Da eine längere Suche für mich nicht infrage kam, parkte ich kurzerhand vor einem nahe gelegenen Hotel, in dem ich nicht nur die ersehnte Dusche und ein sauberes Zimmer vorfand, sondern auch meinen „Brummi" sicher und gut abgestellt wusste.

Der italienische Fahrstil – etwas ganz Besonderes

Sobald man den Grenzbaum, der die Schweiz von Italien trennt, hinter sich gelassen hat und weiter nach Italien hineinfährt, erkennt man, dass hier ein anderer Fahrstil herrscht. Die Italiener fahren schneller und aus meiner Sicht auch wenig geordnet. Mir schien es, als ob jeder gerade so fuhr, wie er wollte. Mit Hupe und Lichthupe wurde rechts und links überholt, rote Ampeln wurden offenbar nur zufällig beachtet. Man kann es auch so sehen: Die Italiener sind Improvisationskünstler. Sie schaffen es, aus einer zweispurigen Straße eine drei- oder vierspurige zu machen. Und es funktioniert! Der Verkehr läuft in der Regel zügig. Ein Kollege kommentierte das einmal so: „Die Italiener improvisieren, und die Deutschen fahren mit dem Gesetzbuch unter dem Arm." Ich konnte seiner Ansicht nur zustimmen.

Als ich das erste Mal durch Mailand fuhr, dachte ich: „Eine größere Verkehrsdichte gibt es wohl nirgends auf der Welt." Als

Steigerungsmöglichkeit gäbe es nur noch ein Übereinander. Weit gefehlt!

Auf dem Weg nach Rom lernte ich eine weitere Besonderheit kennen: Wer überholen wollte, zeigte dies mit Lichthupe an. Nachdem mich auf der Autobahn der dritte Pkw mit Lichthupe überholt hatte, dachte ich zunächst, dass an meinem Lkw etwas nicht in Ordnung sei. So hielt ich auf einem Parkplatz an, um den Lkw zu inspizieren, konnte jedoch keine Mängel feststellen. Später erläuterte mir ein Kollege: Je weiter südlicher man käme, desto eigenwilliger würden die Verkehrsregeln ausgelegt, und das mit der Lichthupe sei ganz normal. Wieder etwas dazugelernt.

Der Verkehr – schlimmer geht immer

Meine Tour führte diesmal südlich von Rom an Neapel vorbei nach Pompeji. Als ich dort ankam, dachte ich, mich trifft der Schlag. Die oben beschriebene Fahrweise traf auch auf Pompeji zu. Mit meinem riesigen Lkw musste ich die Innenstadt durchqueren und mich somit durch enge Gassen und zwischen Eselskarren, Fahrrädern, Mofas und geparkten Autos hindurchschlängeln. Vermutlich war auch Wochenmarkt, der das Durchkommen zusätzlich erschwerte. Die Straßen und Gassen waren voller Menschen, und die niedrigen Balkone forderten meine ganze Aufmerksamkeit, damit ich nicht mit dem Lkw gegen eine der Balustraden stieß. Neben dem geschäftigen Treiben auf der Straße deuteten die Fahnen, die von den Balkonen hingen, darauf hin, dass in diesen Tagen in Pompeji ein Fest gefeiert wurde. Auch das noch! Ab und zu hörte ich, wie die herunterhängenden Fahnenstangen klackend auf das Dach des Lkws schlugen. Mir blieb jedoch nichts anderes übrig – ich musste da durchfahren. Zum Glück ist nichts passiert. Im Rückspiegel sah ich, dass alle Fahnenstangen noch an ihrem Platz hingen.

Am schlimmsten waren die Mofafahrer, die jeglichen Respekt vor Lkws vermissen ließen. Von allen Seiten kamen sie angefahren, mal von links, mal von rechts, mal von hinten, mal von vorne – wie Hornissenschwärme umgaben sie mich und zwängten sich an meinem Lkw vorbei. In dem Gedränge musste ich noch hier und da einem Eselskarren ausweichen. Meine Augen musste ich überall gleichzeitig haben. An diesem Ort hätte ich mir die Netzaugen einer Fliege gewünscht, einen Superblick, der alles um sich herum gleichzeitig erfasst. Hinzu kam der tote Winkel des Lkws, den ich noch mitberücksichtigen musste. Dass ich mit einem 40-Tonner einmal so viel Respekt vor Mofas haben könnte, hätte ich nicht gedacht. Aber einer musste ja aufpassen, dass nichts passiert. Die Verantwortung dafür, dass wir nicht kollidieren, sah ich bei mir. So ist das eben: Der Stärkere muss auf den Schwächeren Rücksicht nehmen.

Als ich endlich bei der Firma ankam, stellte sich heraus, dass dort lediglich das Büro war, sich die Ladestelle jedoch 20 km außerhalb des Ortes befand. Hätte man mir das nicht gleich sagen können? Na ja, so ist das halt in diesem Beruf. Eine Überraschung jagt die nächste.

Die 24 Tonnen Kartoffeln waren geladen. Anders als auf der Straße war in der Firma von Hektik keine Spur. Der Lagermeister bewegte sich äußerst gemächlich. Genauso langsam wickelte er die notwendigen Formalitäten ab. Doch da Samstag war und der Zoll bereits geschlossen hatte, nahm ich es gelassen.

Den Sonntag verbrachte ich gemütlich – teils lesend, teils schlafend – auf einem Rastplatz bei Orte, einem kleinen Ort zwischen Rom und Florenz. Da das Fahrverbot für Lkws bis 22 Uhr gilt, konnte ich meine Weiterfahrt erst am späten Abend antreten.

Die Nacht über fuhr ich durch. Um 3 Uhr morgens kam ich in Modena in der Region Emilia-Romagna an. Die Stadt ist für ihre Ferrari- und Lamborghini-Sportwagen bekannt. Doch davon habe ich nichts mitbekommen. Für mich war es der Ort, an dem ich die Ladung verzollen musste und bis zur Öffnung der Zollbüros etwas Schlaf fand. Anschließend ging es über Aosta weiter nach Cluses in der Region Auvergne-Rhône-Alpes in Frankreich, wo ich am Abend ankam.

Portugal-Tour – neue Erlebnisse

18.06.1990: Auf einer Fahrt nach Portugal sollte mich diesmal mein Kollege Ulli in einem zweiten Lkw begleiten. Wir hatten Rotationsdruckmaschinen im Wert von über einer Million DM geladen. Nach 500 km Fahrt kamen wir am späten Abend in der Nähe von Paris an, wo wir auf einem Rastplatz übernachteten.

19.06.1990: Um 9 Uhr fuhren wir im Konvoi weiter bis kurz vor Bordeaux. Über Funk unterhielten wir uns über Gott und die Welt. Er erzählte mir, dass er während seines Studiums als Fahrer bei Speditionen gejobbt habe, um damit sein Studium zu finanzieren. Dann habe er für diesen Beruf so „Feuer" gefangen, dass er sein Studium an den Nagel hängte, um jetzt ganz als Lkw-Fahrer tätig zu sein. Man nennt das „Lkw-Fahr-Fieber", von dem er sich offensichtlich hat anstecken lassen. Die Zeit verging wie im Flug. Am Abend suchten wir einen Routier auf, in dem wir gut zu Abend aßen. Dann ging es weiter bis kurz hinter die französisch-spanische Grenze, wo wir nach rund 600 km Fahrt gegen 23 Uhr einen Rastplatz zum Übernachten aufsuchten.

Am nächsten Morgen fuhren wir weiter über San Sebastian und Valladolid zur Grenzstation nach Portugal. Die Fahrt war anstrengend, und wir fuhren den ganzen Tag hindurch bei sengender Hitze ohne Klimaanlage. Nach rund 800 km Fahrt kamen wir gegen 20 Uhr in Vilar Formoso an. Wir suchten ein schattiges Plätzchen, damit zumindest das Fahrerhaus im Kühlen stand und jeder gut schlafen konnte. Ich war glücklich, als ich auf dem Rastplatz einen Pinienhain entdeckte, der einigermaßen Schatten bot. Es dauerte nicht lange, und ich fiel in einen tiefen Schlaf!

Tags darauf brachen wir um 6 Uhr nach Porto auf, dort kamen wir nach einem Zwischenaufenthalt auf dem Zollhof gegen Abend an.

22.06.1990: Frühmorgens wurde ich von den sanft durch die Vorhänge blinzelnden Sonnenstrahlen geweckt. Zu meinem Schrecken stellte ich fest, dass mein Lkw nicht ansprang. Mithilfe des Überbrückungskabels und des Truck-Services, den ich rief, gelang es, den Lkw wieder startklar zu machen; es wurde eine neue Batterie eingebaut. 19 Uhr Ankunft bei der Abladefirma. Irgendwann später Feierabend. Mein Kollege Ulli hatte eine Rückladung bekommen, und so trennten sich unsere Wege.

23.06.1990: An diesem Tag hatte ich noch immer keine Order für eine Rückladung, sodass ich weiter entlang der Atlantikküste bis nach Espinho (Nähe Porto) fuhr. Während die Sonne über dem Meer unterging, habe ich mich in einem gemütlichen Strandlokal niedergelassen und mich von einer großen Fischplatte und einem Glas Vino Verde verwöhnen lassen. Es war ein wunderschöner Abend. Allerdings plagten mich nachts die Schnaken, die sich in der feuchten Umgebung offenbar sehr wohlfühlten! An Schlaf war nicht mehr zu denken. Die kleinen Biester zeigten mir im wahrsten Sinne des Wortes, wer hier den Ton angibt.

Sonntag: Am frühen Morgen machte ich mich auf den Weg an den noch menschenleeren Strand. Begleitet vom sanften Wellenschlag des Wassers spazierte ich am Meer entlang, genoss den weichen, warmen Sand unter meinen Füßen, die Ruhe und den Blick ins Weite. Es war herrlich, das Anbrechen des neuen Tages mit allen Sinnen erleben zu können. Die Spuren, die meine Fußstapfen im Sand hinterließen, erinnerten mich an die vielen Schritte, die ich in meinem Leben schon zurückgelegt hatte. Bei der Betrachtung kam mir das Gedicht „Spuren im Sand" in Erinnerung, das ich hier wiedergebe:

Eines Nachts hatte ich einen Traum:
Ich ging am Meer entlang mit meinem Herrn.
Vor dem dunklen Nachthimmel erstrahlten,
Streiflichtern gleich, Bilder aus meinem Leben.
Und jedes Mal sah ich zwei Fußspuren im Sand,
meine eigene und die meines Herrn.

Als das letzte Bild an meinen Augen vorübergezogen
war, blickte ich zurück. Ich erschrak, als ich entdeckte,
dass an vielen Stellen meines Lebensweges nur eine Spur
zu sehen war. Und das waren gerade die schwersten
Zeiten meines Lebens.

Besorgt fragte ich den Herrn:
„Herr, als ich anfing, dir nachzufolgen, da hast du
mir versprochen, auf allen Wegen bei mir zu sein.
Aber jetzt entdecke ich, dass in den schwersten Zeiten
meines Lebens nur eine Spur im Sand zu sehen ist.
Warum hast du mich allein gelassen, als ich dich am
meisten brauchte?"

Da antwortete er:
„Mein liebes Kind, ich liebe dich und werde dich nie
allein lassen, erst recht nicht in Nöten und Schwierigkeiten.
Dort, wo du nur eine Spur gesehen hast,
da habe ich dich getragen."[1]

Ich kann es nur aus meinem Leben bestätigen: Bei allen Widrigkeiten war und bin ich von Gott getragen.

Zurück zum Bericht: Auch am nächsten Morgen lag noch kein Auftrag für eine Rückladung vor. Ich sollte an die spanisch-portugiesische Grenze nach Vilar Formoso fahren. Dort verbrachte ich den Tag dann mit Lkw-Säubern, Lesen, Schlafen und Musik hören.

Dienstag, 26.09.1990: Endlich bekam ich Order, in der Nähe von Sevilla eine Fracht Holzkohle zu laden. Auf der Fahrt dorthin war ich überrascht von der traumhaft schönen, wild-romantischen Landschaft, die mich dort erwartete. Störche, die auf dem Dachfirst nisteten, und einsame Gehöfte, vor denen nur hin und wieder mal eine Bäuerin oder ein älterer Mann auf einer Bank sitzend zu sehen war. Ab und an fuhr ich an riesigen Sonnenblumenfeldern vorbei. Ich genoss das Fahren auf der endlos langen und um 6 Uhr morgens noch kaum befahrenen, leeren Landstraße. Hier war ich ganz in meinem

---

1   aus: Margaret Fishback Powers, Spuren im Sand, übersetzt von Eva-Maria Busch, 33. Aufl. 2020, Copyright © der deutschen Übersetzung 1996 Brunnen Verlag GmbH, Gießen. www.brunnenverlag.de

Element! Nach einiger Fahrzeit entschloss ich mich, an einer am Straßenrand gelegenen Bodega eine Pause einzulegen. Ich ließ mich von den köstlich anmutenden Tapas, die mir angeboten wurden, verführen. Sie schmeckten hervorragend.

Ein Gast, der mitbekam, dass ich Lkw-Fahrerin bin, zeigte mir gegenüber sehr offen seine Wertschätzung für das, was ich tue. Er gab mir seine Telefonnummer und meinte: „Wenn Sie einmal Hilfe benötigen, scheuen Sie sich nicht, mich anzurufen." Ich war gerührt von seiner Fürsorge und Hilfsbereitschaft, die ehrlich und aufrichtig gemeint war. Ein von Gott gesandter Engel!

Anders als die schmucken Ortschaften, an denen ich am Vortag vorbei fuhr, glich der Betriebshof, bei dem ich laden sollte, eher einer kahlen Wüstenlandschaft mit ein paar alten, schäbigen Holzbaracken. Das Gelände war mit sehr feinem Sand bedeckt. Ich fragte mich, wie ich durch diese Sandwüste an meine Ladestelle kommen sollte. Nachdem ein Lkw vor nicht allzu langer Zeit bereits seine Reifenspuren im Sand hinterlassen hatte, fühlte ich mich ermutigt, meine Fahrt über den feinen Sand fortzusetzen. Ich fuhr im Schritttempo bis zur Ladestelle und war – was für ein Wunder! – im Nu in eine riesige Staubwolke eingehüllt. Ein Arbeiter lotste mich zum Ladeplatz, indem er direkt neben dem Lkw herlief. Wäre er vorausmarschiert, hätte ich ihn vor lauter Staub nicht erkennen können. Das hatte ich bisher noch nicht erlebt! Der feine Sand fühlte sich an wie Mehl, benetzte Augen, Mund, Nase und Haare und durchdrang sämtliche Kleidungsstücke. Doch es half alles nichts – ich musste aussteigen und die seitlichen Bordwände herunterklappen, damit der Staplerfahrer die Holzkohle aufladen konnte. Er verlud eine Palette nach der anderen bei vollem Speed. Der Staub wirbelte nur so durch die Luft, und das bei brütender Hitze. Gefühlt waren es um die 40 Grad Celsius. Da ich die Verantwortung für die ordnungsgemäße Beladung trug, verbot ich mir, mich vom Ladeplatz zu entfernen. Der Schweiß lief mir nur so über das Gesicht – ich wusste nicht, was schlimmer war, der Staub oder die Hitze. Als der Lkw endlich fertig beladen war, kam ich mir vor wie ein paniertes Schnitzel – nicht mit Mehl, sondern mit Schweiß, Staub und

Schmutz. An mir klebte so ziemlich alles: die Kleidung, die Haare und die Schuhe. Und überall – in Augen, Mund und Ohren – spürte ich den Staub. Alles war beige-grau. Ich hätte vor mir selber davonlaufen können. Aber was soll's, auch Schmuddelarbeit gehört zu meinem Beruf. Und wer A sagt, der muss auch B sagen, und wenn's sein muss, durch Schmutz und Staubwolken gehen.

Nachdem der Ladevorgang abgeschlossen war und ich die Ladebordwände wieder geschlossen sowie die Plane zugezogen hatte, erkundigte ich mich nach einer Duschmöglichkeit. Ja, die gäbe es. Der Vorarbeiter lief voraus, um sie mir zu zeigen. Er öffnete einen alten, baufälligen Holzverschlag. Die Holztür ächzte und quietschte beim Öffnen – ein ohrenbetäubendes Geräusch. Aus dem geöffneten Türspalt kamen mir erst einmal laut gackernd einige Hühner entgegengerannt. Die Tür ließ sich zum Glück mit einem Riegel abschließen, das war mir sehr wichtig. Ein rostiger Nagel an der klapprigen Holztür verriet, dass ich hier meine Sachen hinhängen konnte – was für ein Luxus! Die Dusche bestand aus einem Gartenschlauch, an dessen Ende eine alte, verdellte Brause befestigt war. Beim Aufdrehen des Wasserhahns erstaunte es mich nicht, dass aus dem provisorisch angefertigten Gerät nur ein Rinnsal Wasser herauskam. Um ein paar Spritzer abzubekommen, hätte ich unter dem Schlauch hin und her flitzen müssen. Ich entschied, dass das Duschen hier keinen Sinn machte, und spritzte mir lediglich das Gesicht ab, um wieder einigermaßen wie ein Mensch auszusehen. Ich verabschiedete mich freundlich und machte mich auf Richtung Heimat.

Mit meiner noch vorhandenen Lenkzeit wäre ich nicht mehr bis zur nächsten Autobahnraststätte gekommen, um zu duschen. Klar war: Das nächste Hotel war mein Hotel, denn nichts konnte mich mehr vom Duschen abhalten. Nach einigen Kilometern Fahrt entdeckte ich ein kleines, schnuckeliges Hotel. Ich wurde freundlich aufgenommen und konnte sogar den Lkw am Straßenrand unter einer Laterne parken. Für einen Lkw eine geeignete Parkmöglichkeit zu finden ist außerhalb der Hauptverkehrsrouten alles andere als selbstverständlich.

Im Zimmer angekommen, hatte ich nur einen Wunsch: endlich duschen! Ich riss mir die verklebten und verdreckten Klamotten vom Leib und genoss das ausführliche Erleben eines Duschbades. Einfach herrlich, jetzt konnte ich wieder „Mensch" zu mir sagen!

An dem Tag ist mir bewusst geworden, wie elementar wichtig Wasser ist. Die erbarmungslose Hitze, der Staub und der Schweiß ließen mich das Entbehrte wieder neu schätzen lernen.

Von den Tagesereignissen erschlagen und erschöpft fiel ich anschließend todmüde ins Bett und träumte wohl in dieser Nacht von frischem Wasser.

Nächster Morgen: Nach einem einfachen, zugleich liebevoll zubereiteten Frühstück fuhr ich über Salamanca und Valladolid bis Burgos. Nach über 700 km Fahrt beschloss ich, Feierabend zu machen, und zog die Vorhänge zu.

Tags darauf fuhr ich weiter in Richtung Irun. Von den landschaftlichen Reizen des Baskenlandes habe ich nur wenig mitbekommen; die Strecke führte durch relativ ödes, hügeliges und trockenes Land. Allerdings konnte ich bei Bilbao an einer kleinen Bucht immerhin einen wunderschönen Blick auf ein paar Wasserfluten des tiefblauen Atlantiks mit seinen weißen Schaumkronen erhaschen. Die Fahrt ging weiter bis hinter Limoges. Nach 600 km beschloss ich, für diesen Tag Feierabend zu machen, und stellte den Zündschlüssel auf „aus".

Auf meiner Fahrt am nächsten Morgen stellte ich auf einmal fest, dass die Bremsen an meinem Lkw nicht mehr richtig funktionierten. Ich fuhr auf den nächstgelegenen Parkplatz und sprach die Kollegen an, die dort gerade pausierten. Sie nahmen sich der Sache an und stellten fest, dass ein Bremsventil defekt war. Ich rief den Internationalen Truck-Service an, kurz ITS genannt, was einen nicht unerheblichen Zeitverlust darstellte. So kam es, dass ich erst gegen 1 Uhr morgens in Mannheim ankam – müde, aber auch zufrieden nach guten 800 km Fahrt, die hinter mir lagen.

Spanien-Rundlauf – Überraschungen
abseits der Transitstrecke

05.07.1990: Für meine Fahrt nach Spanien wählte ich dieses Mal wieder die gut ausgebaute Landstraße „Route Express" entlang der Städte Mulhouse, Besançon, Montluçon, Angoulême und Bordeaux, die vorbeiführt an Feldern, Wiesen und Weinbergen (siehe Landkarte im Fototeil). Die Landschaft war reizvoll und das Fahren angenehm, sodass ich die knapp 800 km Fahrt nur auf dem Tacho spürte.

Am nächsten Tag passierte ich in Irun die Grenze nach Spanien und fuhr über die baskischen Städte San Sebastián und Bilbao bis an die Atlantikküste, vorbei an herrlichen Buchten, die mir einen Blick auf das weite, helltürkis bis blau-schwarz schimmernde Meer ermöglichten – Momente, in denen es mir vorkam, als wäre die Zeit stehen geblieben.

Als ich an einer Steilwiese vorbeikam, nahm ich wahr, wie ein Bauer mit einer Sense Gras mähte, nicht weit davon entfernt stand ein Pferdewagen, den eine Bäuerin mit Milchkannen belud. Es war wie auf einer Entdeckungsreise oder in einem Aktivurlaub. Meine Fahrt führte mich weiter durch kleine, idyllisch gelegene Städtchen und wild zerklüftete Landschaften. Mir ging durch den Kopf: „Welche Strecke wähle ich? Die auf der Karte breiter eingezeichnete, aber viel längere Transitstrecke oder die auf der Karte kürzer aussehende, aber schmalere Straße entlang der Atlantikküste?" In meiner Unerfahrenheit wählte ich die kürzere Strecke. Allerdings war ich auch neugierig, am Atlantik entlangzufahren. Es war herrlich, dem Meer so nahe zu sein! Ich „erkundete" die einzigartige Landschaft Nordspaniens auf meine Weise. Im Nachhinein allerdings stellte sich heraus, dass sich diese Entscheidung als die zeitlich längere Strecke erwies. Durch die unendlich vielen engen Kurven, die ich mit meinem 18 Meter langen Zug nehmen musste, kam ich nicht wirklich schneller ans Ziel. Hierzu musste ich meist die ganze Fahrbahnbreite in Anspruch nehmen. Manchmal waren es nur wenige Zentimeter, die mich von der Felswand auf der einen Seite und der Klippe zum

Meer auf der anderen Seite trennten. Gott sei Dank war die Straße nur wenig befahren. Nichtsdestotrotz betätigte ich vor jeder Kurve mein Truckhorn, um dem eventuell entgegenkommenden Verkehr anzuzeigen, dass da ein „Großer" kommt. Ein weiterer Nachteil bestand darin, dass es für Lkws kaum Haltemöglichkeiten gab. Anfangs wunderte ich mich, dass mir kein Fernlastzug entgegenkam. Später wusste ich, warum.

Als ich nach 500 km Fahrt am Abend bei Oviedo im Nordwesten Spaniens ankam, war ich schon etwas müde, aber auch froh über die wunderschönen Eindrücke, die ich auf meiner Fahrt entlang der Atlantik-Küste sammeln konnte.

Tags darauf hatte ich weiter das Vergnügen, entlang der eindrucksvollen Steilküste durch die landschaftlich reizvolle Gegend zu fahren. Die Straße war schmal und extrem kurvenreich und verlangte volle Konzentration. Allmählich bekam ich Übung.

Da sich die Tanknadel verdächtig der Null-Marke näherte, fuhr ich zur nächsten Tankstelle, um zu tanken. Doch die Tankstelle hatte geschlossen. Also fuhr ich weiter. Der Tankwart der nächsten Tankstelle akzeptierte weder die DKV-Tankkarte, noch nahm er DM an. Bei der übernächsten dann das gleiche Spiel, auch hier nahm der Tankwart keine DM an. So musste ich wiederum weiterfahren mit einer bedenklich gegen Null zeigenden Tanknadel. Nach weiteren etlichen Kilometern sah ich endlich erneut eine Tankstelle. In meiner Verzweiflung tankte ich, ohne vorher zu fragen, ob ich mit DKV-Karte oder in DM zahlen konnte. Als ich dem Tankwart das Geld hinhielt, reagierte er total verärgert. Ich verstand die Welt nicht mehr, denn ich hatte ihm einen wirklich guten Wechselkurs angeboten. Außerdem handelte es sich bei der DM um eine „starke" Währung. Am Ende blieb dem Tankwart nichts anderes übrig, als die DM zu nehmen. Der Tank war jedenfalls voll, und ich konnte somit die Fahrt entspannt fortsetzen.

Kurz vor meinem Ziel, der Hafenstadt La Coruña, tauchte vor mir eine etwa zweihundert Meter lange Stahlbrücke auf, die über eine mehrere hundert Meter tiefe Schlucht führte. Rechts vor der Brücke stand ein Schild, das die maximale Belastung anzeigte. In fetter Schrift stand dort: „12 t". Oh weh, mein Lkw wog vierzig Tonnen! Ich war ratlos und wusste nicht, was ich tun sollte. Hier war weder Platz zum Wenden noch für ein Rangiermanöver. Jetzt wurde mir auch klar, weswegen mir auf der gesamten Küstenstraße kein Fernlastzug entgegenkam!

Ich überlegte, dass bei der Berechnung des maximalen Gewichtes auch der Gegenverkehr mitberücksichtigt werden musste. Zweimal zwölf Tonnen macht nach Adam Riese 24 Tonnen. Wenn man Motorwagen und Anhänger dann noch jeweils als Einzelfahrzeuge betrachten würde, wären wir schon bei maximal 48 Tonnen. Außerdem musste bei der Berechnung der Tragfähigkeit auch noch eine gewisse Toleranz mitberücksichtigt werden. Also fuhr ich, als kein Gegenverkehr zu sehen war, langsam über die Brücke. Meine Anspannung legte sich erst, als ich unbeschadet auf der anderen Seite der Brücke ankam. Ich atmete erst einmal tief durch. Schließlich kam ich am späten Nachmittag glücklich und zufrieden in La Coruña an. Dazu hat auch der Umstand beigetragen, dass ich den Zollhof problemlos und auf Anhieb gefunden habe.

Die unerwartete Gefahr

08.07.1990: Es war Sonntag. Ich nahm mir vor, La Coruña mit dem Taxi zu erkunden. Ich war froh, dass der Fahrstil meines Fahrers meinen Blutdruck nicht so in die Höhe trieb, wie ich es in Italien erlebt hatte. So konnte ich mich entspannt zurücklehnen und mir einen ersten Eindruck von der Stadt verschaffen. Ich bat den Fahrer, mich in der Nähe der Altstadt abzusetzen, damit ich zu Fuß durch den kleinen noch verbliebenen historischen Altstadtkern – die Cidade Vella – bummeln konnte. In einer der vielen Bodegas kehrte ich ein und genoss einen spanischen Kaffee. Zu Mittag gab es frischen Fisch unter spanischer Sonne. So lässt es sich leben!

Gegen Abend lief ich an die nördliche Spitze der Halbinsel zum schönen Aussichtspunkt mit dem imposanten Denkmal Breogan.

Von dort genoss ich den Blick auf das weite, endlose Meer und sah andächtig zu, wie die Sonne allmählich in wunderschönen Farben unterging. Der Himmel leuchtete zuerst in Hellgelb, ging dann in ein Orange über, während die Sonne sich in einem kräftigen Orange, dann Dunkelrot am Horizont verabschiedete. Ein herrlicher Anblick! Was ich vor lauter Freude über dieses wunderschöne Erlebnis vergaß, war, dass es dort nach Sonnenuntergang schlagartig dunkel wurde. Normalerweise macht es mir nichts aus, im Dunkeln allein nach Hause zu gehen. Doch als ich mich auf den Rückweg machte, hatte ich auf einmal das Gefühl, dass ich verfolgt wurde. Und tatsächlich bemerkte ich eine Person, die hinter mir herlief und wohl mitbekommen hatte, dass ich allein unterwegs und hier fremd war. Ich beschleunigte meinen Schritt und sah aus den Augenwinkeln, dass die andere Person das Gleiche tat. Mir wurde ganz anders zumute, zumal auch sonst kein Mensch weit und breit zu sehen war. Die Straße war kaum beleuchtet. Von Ferne sah ich auf einmal ein Licht, das aus einem Lokal zu kommen schien. Ich lief noch schneller. Und tatsächlich, das Lokal an der Ecke hatte geöffnet – meine Rettung! Ich flüchtete mich unter die Gäste, wo ich mich sicher fühlte. Den Wirt bat ich, mir ein Taxi zu bestellen, das kurze Zeit später auch eintraf und mich sicher zu meinem Lkw brachte. Gott sei Dank!

Trotz der Schreckminuten werde ich die herrlichen Eindrücke von La Coruña unter dem Denkmal Breogans nie vergessen. Sie sind bis heute in guter Erinnerung, ja, tief in mein Herz eingraviert. Dass ich leichter über negative Erlebnisse hinwegkomme und für positive Erlebnisse umso dankbarer bin, hängt sicher auch mit meinem Glauben zusammen.

Das Verwöhnpaket

Montag, 09.07.1990: Nachdem die Zollformalitäten erledigt waren, überlegte ich, ob ich mir ein Taxi bestelle, das mich zu der Firma, bei der ich abladen sollte, lotsen kann. Der Zollbeamte, der mir die Papiere ausgehändigt hatte, meinte, ich solle noch warten, da die Firma einen Fahrer schicken wollte. Ich war freudig überrascht. Kurze Zeit später kam tatsächlich ein Pkw. Nach kurzer Begrüßung forderte mich der Fahrer auf, ihm zu folgen. Ach, war das schön entspannend; ich musste lediglich dem Pkw hinterherfahren, brauchte mir den Weg nicht zu merken, musste niemanden fragen, keinen Stadtplan wälzen, nicht überlegen, welche Straße ich nehme, ob sie breit genug ist, ob sich auf ihr niedrige Brücken befinden, oder ob sie für große Lkws eventuell gar nicht zugelassen ist. Das sind Fragen, die Zeit und manchmal auch Nerven kosteten, vor allem dann, wenn man den falschen Weg eingeschlagen hat.

Nachdem ich bei der Firma angelangt war, wartete ich auf den Kranwagen, der meine Fracht – Maschinenteile – abladen sollte. Um dem Kran freien Zugang zu den Maschinen zu ermöglichen, musste der Lkw abgeplant werden. Als ich anfing, die Befestigungen der Plane zu lösen, kamen mehrere Lagerarbeiter auf mich zu und nahmen mir ganz selbstverständlich die Arbeit ab. Ich war froh, dass mir diese Schinderei erspart geblieben ist. Wer mich am Lkw hochklettern sieht, der weiß, wovon ich spreche. Ich gebe den lebenden Beweis dafür ab, dass der Mensch nicht vom Affen abstammt.

Während des Abladevorgangs wurde ich sogar vom Firmenchef in ein feines Lokal zum Mittagessen eingeladen.

Als wir zurückkamen, waren die Lagerarbeiter gerade dabei, mir den Lkw wieder komplett zuzuplanen. Nicht einmal die Zollschnur durfte ich selbst durch die Ösen ziehen, da dies alles zu den Aufgaben der dortigen Arbeiter gehörte. So wurde ich noch nie verwöhnt; ich habe es genossen und war sehr dankbar. Bis zum Abend war alles erledigt, und ich konnte wieder starten.

Irrnisse und Wirrnisse

Abfahrt von La Coruña: Da es Zeit war, mir einen Rastplatz zum Übernachten zu suchen, visierte ich die nächstgelegene Raststelle auf der Autobahn an. Vergeblich hielt ich Ausschau nach Hinweisschildern, die mir den Weg zur Autobahn weisen. Stattdessen kamen mir jede Menge Schilder mit der Aufschrift „Centro" entgegen, sodass ich entschied, zunächst in Richtung Zentrum zu fahren, um auf dem Weg dorthin Hinweisschilder in Richtung Autobahn zu finden. Nachdem ich den Schildern in Richtung „Centro" gefolgt war, wurde mir klar, dass ich mich total verfahren hatte. Ich stand mit meinem achtzehn Meter langen Hängerzug mitten im Zentrum der Altstadt von La Coruña auf einem Platz, von dem aus sechs schmale Gässchen abbogen. Zum Wenden war der Platz zu klein, und auf der Straße, auf der ich kam, zurückrangieren wollte ich nicht, da es schon dunkel wurde. Wenn man sich einmal nicht den Anfahrtsweg zur Abladestelle merkt ...

Was ich bräuchte, war ein Gabelstapler, der mir den Anhänger auf dem kleinen Platz drehte, damit ich in die andere Richtung wegfahren konnte. Aber woher sollte ich in der Altstadt einen Stapler bekommen? Ich saß sozusagen fest. Für mich war das ein Albtraum!

Inzwischen hatten sich einige Passanten, die in der Nähe Boule spielten, eingefunden. Sie haben meine Not erkannt, kamen zu meinem Lkw und diskutierten, wie man das Problem lösen könnte. Einer von ihnen kam auf die Idee, mir mit seinem Pkw durch die engen Gassen vorauszufahren, und forderte mich auf, ihm zu folgen. Ich war skeptisch, aber was blieb mir anderes übrig? Zögernd folgte ich ihm. Meine Aufmerksamkeit war ganz auf die niedrigen Balkone gerichtet, die ich mit meinem vier Meter hohen Lkw nicht rammen durfte. Ich musste nicht nur um mehrere enge Ecken fahren, sondern den Lkw auch zwischen den überall parkenden Autos hindurchmanövrieren. Dort, wo das nicht möglich war, klingelte mein Lotse die Besitzer der geparkten Autos aus ihren Wohnungen. Sie machten mir bereitwillig Platz.

So lotste mich der mir vorausfahrende Fahrer langsam, aber sicher auf eine größere Straße. Auf dieser könne ich weiterfahren, bis das Autobahnschild käme, meinte er zum Abschied. Ich war dem Mann sehr dankbar und auch Gott, der mir diesen hilfsbereiten Spanier geschickt hatte. Meine unfreiwillige „Stadtrundfahrt" nahm auf diese Weise ein gutes Ende. Ich war erleichtert und fuhr noch etwa zwei Stunden bis Lugo, wo ich gegen 23 Uhr das Licht löschte. Nach diesen Erlebnissen schlief ich wie ein Murmeltier.

Nach dem Suchen und Finden einer Telefonzelle rief ich am nächsten Morgen zuerst meinen Chef an, um zu erfragen, wo ich hinfahren sollte. Ich bekam Order, bis in die Nähe von Valladolid zu fahren, da eine Ladeadresse noch nicht vorlag. Als ich mittags die Ladeadresse mitgeteilt bekam, ging die Fahrt weiter über Burgos, Bilbao, Irun, Bordeaux und entlang der Route Express durch Frankreich bis zur Abladefirma nach Koblenz – natürlich mit entsprechenden wohlverdienten Pausen.

Ersterfahrung mit den neuen Bundesländern

Um 6 Uhr morgens fuhr ich bei der Eichbaum-Brauerei in Mannheim vor, um eine Fracht Bier nach Ostdeutschland zu laden. Kurz nach der Grenzöffnung zur ehemaligen DDR, dem Mauerfall und der Wiedervereinigung fuhr ich an diesem Morgen erstmals in den Osten der Republik. Dass ich im Osten angekommen war, wurde mir sofort am schlechten Straßenbelag deutlich. Das Kopfsteinpflaster und die unzähligen Risse und Löcher in den Straßen mahnten mich, extrem langsam zu fahren. Die Musikkassetten, die ich im oberen Ablagefach meines Fahrerhauses aufbewahrt hatte, kamen mir durch die Erschütterungen reihenweise entgegen und purzelten mal auf den Sitz, mal auf den Boden.

Zugleich genoss ich die wunderschönen, mit altem Baumbestand gesäumten Alleen auf fast leeren, verkehrsarmen Straßen. Die Menschen, denen ich unterwegs begegnete, hatten noch Zeit und waren sehr freundlich. Was für ein wertvolles Gut! Als ich bei der Abladefirma ankam, wurden mir erst mal ein duftender Kaffee und ein wundervoll riechendes Leberwurstbrot angeboten, bevor es an die Arbeit ging. Ich war gerührt über den freundlichen Empfang und die Gastfreundschaft. Zu der Zeit „tickten die Uhren" im Osten noch merklich langsamer als bei uns im Westen, was ich in dem Moment als sehr angenehm empfand. Auch das Abladen verlief weitaus entspannter, als ich es von westlichen Firmen her kannte, deren Mitarbeiter meist unter Zeitdruck standen. Es waren offensichtlich genügend Arbeiter zum Abladen da. Ich genoss die Zeit der Ruhe, die mir hier vergönnt war, und biss genüsslich in mein Leberwurstbrot.

Fahrt nach Turin

Als ich am Morgen vor der Abfahrt auf dem Gelände der BASF stand, hatte ich ein transparentes Modellauto in Originalgröße geladen, bei dem die einzelnen, von der BASF gefertigten Kunststoffteile für den Betrachter sichtbar mit Farbe hervorgehoben waren. Das Auto diente der Veranschaulichung und war für die Fiat-Werke in Turin bestimmt.

Tags darauf, ein Samstag: Da sich die Verzollung am Vortag bis zum Abend hinzog, musste ich das Wochenende über erst mal pausieren und fuhr hierzu in das 15 km westlich von Turin gelegene Rivoli. Mit dem Taxi ließ ich mich in eine kleine, preiswerte Pension fahren. Die Preisgestaltung für Taxifahrten erschien mir angesichts der Spanne zwischen 15 000 Lire und 50 000 Lire für ein und dieselbe Strecke recht willkürlich.

Es nahm mir dennoch nicht die Freude, die Stadt mit ihren Sehenswürdigkeiten zu erkunden. Bei wunderschönem Herbstwetter spazierte ich durch die historisch interessante Stadt, deren Anfänge im 1. Jahrhundert liegen. Von dort lief ich auf den Hügel, auf dem sich eine der Sehenswürdigkeiten Rivolis, das Schloss (Castello di Rivoli), befindet. Ich genoss die Ruhe und die Schönheit der Natur, das sanfte Spiel der Schmetterlinge und das flinke Huschen der Eidechsen, die meinen Weg kreuzten. Nicht auslassen wollte ich das Museum of Contemporary Art, bevor ich in die schöne Altstadt zurückkehrte, Einkäufe erledigte und mich schließlich in einem gemütlichen

Straßencafé niederließ und bei einem Latte macchiato dem munteren Treiben auf den Gassen zuschaute.

Montag 08.10.1990: Die Adresse war richtig, dennoch staunte ich, als ich bei Fiat in Turin vorfuhr und vor einem Bürohochhauskomplex mitten in der Stadt stand. Dem Pförtner versuchte ich in gebrochenem Italienisch zu erklären, dass ich eine Ladung für die Firma hätte, die abgeladen werden müsste. Er schien mich nicht zu verstehen. Kurz darauf kam ein gut gekleideter Herr zum Pförtner und fragte nach einem Automodell aus Deutschland, auf das er warten würde. Sogleich stellte ich mich als Lkw-Fahrerin vor. Er sah mich ungläubig an. Als ich auf den Lkw zeigte, der schräg gegenüber am Straßenrand geparkt war, wirkte er noch überraschter. Offensichtlich hat er weder mit einer Frau als Lkw-Fahrerin noch mit einem derart großen Modell gerechnet.

Wie sich herausstellte, gehörte der gut gekleidete Herr zur Führungsriege der Firma. Zusammen mit anderen Verantwortlichen der BASF und der Fiat-Werke, die hinzutraten, beriet man das weitere Vorgehen. Die Frage war, wo das Automodell in Originalgröße, das sich in meinem Lkw befand, abgeladen werden sollte. Hierzu bedurfte es eines Gabelstaplers, der in der Gegend, in der sich das Bürogebäude befand, kaum aufzutreiben war.

Offenbar gingen die Verantwortlichen der Firma Fiat davon aus, es werde ein Modell in Handtaschengröße geliefert, welches auf einem Schreibtisch Platz hat. Die BASF meinte es offenbar gut und lieferte gleich ein Anschauungsmodell in Originalgröße. In den 12. Stock, in dem die Präsentation wohl hätte stattfinden sollen, ließ sich das Modell kaum transportieren. So entschied man, dass ich erst einmal in den Hof fahren sollte. Von irgendwoher kam dann auch ein Gabelstapler, sodass das Modell endlich abgeladen werden konnte und in der Tiefgarage platziert wurde, in der am nächsten Tag die Präsentation stattfinden sollte.

Mittlerweile ist es Abend geworden. Die netten Herren fragten, ob sie mich zum Essen einladen dürften. Ich habe mich gefreut und die Einladung dankend angenommen. So fuhren wir mit dem Taxi in ein nettes, gepflegtes Restaurant. Vor mir saß ein älterer Herr von der BASF und auf der Rückbank neben mir ein jüngerer Manager, der sich lautstark auf unangenehme Weise hervortat. Bereits zuvor fiel mir auf, wie er auf dem Bürogelände mit offenem Mantel und langem Schal, den er salopp um den Hals wedeln ließ, hektisch und wild gestikulierend umherlief. Offenbar nahm er sich selbst sehr wichtig. Die älteren Herren, die gleichermaßen mit dem Problem befasst waren, verhielten sich hingegen ruhig und besonnen – eine Art, die mir mehr lag.

Während der Taxifahrt erzählte mir der – ich nenne ihn einfach mal – „Jungmanager", dass er so viel zu tun hätte, dass er jeden Morgen bereits um 5 Uhr aufstehen müsste. Er tat mir leid. Seinen Worten entnahm ich, dass er zu wenig schlief. Als Lkw-Fahrerin weiß ich, wie wertvoll – da dies nicht die Regel war – regelmäßige Pausen und ausreichender Schlaf sind, was ich ihm auch offen sagte.

Der schräg vor mir sitzende ältere Herr drehte sich kurz mit einem Kopfnicken zu mir um; ich glaube, er hat mich verstanden. Im Restaurant wurden wir in ein Nebenzimmer in rustikalem Ambiente geführt; die Steinmauern und die gewölbte Decke verliehen dem Raum etwas Vornehmes. So fand ich mich – heute Morgen noch im Lkw – jetzt mit sechs Führungskräften der BASF und der Fiat-Werke zusammen an einem Tisch sitzend wieder.

Wir unterhielten uns überwiegend auf Deutsch und ein wenig auf Italienisch. Die Herren bestellten sich vor dem Essen jeder ein frisch gezapftes Bier. Wie gerne hätte ich auch ein kühles Bier getrunken! Doch es schien mir weder der Gesellschaft, in der ich mich befand, noch meinem Ruf als Dame angemessen, sodass ich es mir verkniff, einen Humpen Bier zu bestellen, und lieber an einem Gläschen Wein nippte.

Der Jungmanager, der mir gegenübersaß, fing an, über Blattfedern im Auto zu referieren, und erklärte voller Stolz, dass die BASF mittlerweile in der Lage sei, Blattfedern aus Kunststoff herzustellen. Aufmerksam hörte ich seinen Ausführungen zu, musste aber aufgrund meiner praktischen Erfahrungen mit Blattfedern in Lkws einwenden, dass Blattfedern nicht mehr aktuell seien: „Mittlerweile ist man in vielen Transportunternehmen auf die komfortablere Luftfederung umgestiegen."

Nach meinen kritischen Anmerkungen sackte der ansonsten sehr selbstbewusst wirkende Jungmanager förmlich auf seinem Stuhl zusammen und wurde auf einmal ganz still. Erst später ist mir klar geworden, dass ich da wohl in ein Fettnäpfchen getreten war. Auf der anderen Seite finde ich es nicht verwerflich, das, was wahr ist, auch auszusprechen. Einer der Herren, der unser Gespräch mitverfolgt hatte, fragte mich interessiert nach den Vorteilen einer Luftfederung im Lkw. Das war mein Metier, sodass ich ihm die Vorteile der Luftfederung genauestens erklären konnte. Ich hatte den Eindruck, dass er mir genau zuhörte und es für ihn von nicht unerheblicher Bedeutung war, wie ich die Sache einschätzte.

Am späten Abend, als wir das Restaurant verließen, fragten mich die Herren, wo ich denn übernachten würde. Ich antwortete: „Im Lkw." Sie meinten, das ginge überhaupt nicht, und mieteten mir ein Zimmer in einem komfortablen Drei-Sterne-Hotel an, was ich dankbar annahm.

Am nächsten Morgen habe ich zuallererst nach meinem Lkw geschaut, der am Straßenrand vor dem Hochhaus der Firma stand. Zum Glück war alles in Ordnung. Da die Präsentation mit dem Anschauungsmodell erst heute stattfinden sollte, hatte ich den Tag über frei. Ich überlegte, was ich mit dem angebrochenen Tag anfangen könnte. Auf meinem Stadtplan war eine schöne Parkanlage direkt am Po eingezeichnet, zu der ich mit dem Taxi fahren wollte. Es war ein schöner Herbsttag, der sich zum Spazierengehen anbot. Als ich dem Taxifahrer zeigte, wohin ich wollte, schüttelte er energisch den Kopf und meinte: „Nicht gut, Prostitu!" Der Taxifahrer war in diesem Moment ein von Gott gesandter Engel, der mich vor einer gewissen Szene bewahrt hatte. Er bot mir alternativ an, mich in das Einkaufszentrum nach Turin zu fahren. Er meinte, auf der Via Roma könnte ich schön bummeln gehen, das sei ungefährlich.

So war es dann auch. Es war herrlich, unter den Arkaden zu flanieren und mir die Nase an den Modegeschäften platt zu drücken. Als

Lkw-Fahrerin brauchte ich keine schicke Kleidung, unterwegs schon gar nicht, und wenn ich das Wochenende mal zu Hause war, pflegte ich mich auszuruhen. Aber träumen, träumen durfte ich von der wunderschönen Mode, die ich dort in den Auslagen sah. Die Italiener haben einfach Geschmack, sowohl in puncto Mode als auch beim Auto-Design.

Abends wurde das Modell wieder in meinen Lkw geladen. Zum Abschied wurde für die BASF-Werkszeitung noch ein Foto von mir und dem Lkw gemacht. Mit einem Lächeln im Gesicht und einem Dankeschön für die Gastfreundschaft verabschiedete ich mich von den Herren und machte mich wieder auf den Weg nach Deutschland.

Heidekraut – Erikas über Erikas

23.10.1990: In der Nähe von Bottrop sollte ich bei einem Blumengroßhändler Heidekraut – auch „Erika" genannt – laden. Als ich dort ankam, stellte sich wieder einmal heraus, dass sich das Lager woanders, nämlich an der holländischen Grenze, befand. Dieser Beruf ist immer für eine Überraschung gut! Nachdem ich die Blumen geladen hatte, fuhr ich los und konnte unterwegs in Mannheim – meinem Domizil – übernachten.

Am nächsten Morgen fuhr ich mit meinem Jumbo-Lkw und 13 000 Erikas im Gepäck nach Ulm. Unterwegs wurde ich über Funk von einem Kollegen kontaktiert, der mich direkt zur Abladestelle dirigierte. Wie sich später herausstellte, war der Kollege krank und lotste von zu Hause aus über Funk die Kollegen, die nach Ulm mussten, mittels eines Stadtplans, den er vor sich auf dem Tisch liegen hatte, zu der entsprechenden Adresse. Eine tolle Idee! Ein Dankeschön an den Kollegen!

Doch als ich dort ankam, traf mich schier der Schlag: Der Lagerarbeiter, der für das Abladen zuständig gewesen wäre, war nicht zur Stelle. Das bedeutete nicht nur, dass ich die Blumen selbst ausladen musste, das wäre kein Problem gewesen. Darüber hinaus wollte die

Supermarktkette, dass ich die Erikas von den hohen Rollregalen auf niedrigere umstapelte, das heißt: etwa 13 000 Erikas im Styropor-Achter-Pack von den hohen auf die niedrigeren Regale umräumen. Das würde Stunden in Anspruch nehmen! Nach Rücksprache mit meinem Chef wurde mir später wenigstens ein Helfer zur Seite gestellt. Während des etwa fünfstündigen Ab- und Umladens hatte ich das Gefühl, dass meine Arme immer länger wurden. Ich kam mir vor wie ein Orang-Utan – leicht vorgebeugt mit bis auf den Boden hängenden Armen. Wahrscheinlich hatte ich auch solch einen Gesichtsausdruck. Na ja, da muss man halt durch. Seit diesem Erlebnis habe ich zu den Pflanzen irgendwie ein gestörtes Verhältnis. Jedes Mal, wenn ich in einem Blumenladen Erikas sehe, fällt mir das Erlebnis mit dem Umladen der vielen Pflanzen ein.

Zu guter Letzt hätte ich beim Losfahren fast noch einen Kollegen umgefahren, der direkt vor meinem Lkw unterhalb der Windschutzscheibe – im „toten Winkel" – vorbeilief. Gott sei Dank ist das noch mal gut gegangen!

Sekundenschlaf

14.11.1990: Es war ein nasskalter Novembertag, als ich am Abend die Rückfahrt von Italien nach Deutschland über den Mont-Blanc antrat. Die Straße war in dichtem Nebel eingehüllt. Da es in meinem Fahrerhaus unangenehm kalt war, drehte ich die Heizung auf und fuhr durch die Dunkelheit der Nacht. Ich fuhr und fuhr, Kilometer um Kilometer auf der Autobahn. Mit einem Mal schreckte ich auf. Mir war sofort klar, dass mich die Müdigkeit übermannt hatte und ich für einen Moment weggetreten bzw. in einen „Sekundenschlaf" gefallen war. Als ich wieder zu Bewusstsein kam, fiel mein Blick auf die Straße. Ich hatte – Gott sei Dank – die Spur gehalten. Mit rasendem Herzen und zitternden Knien fuhr ich auf die Standspur, um wieder runterzukommen. Der Schreck saß tief und hielt noch eine Weile an. Erst hinterher, als ich wieder hellwach war, wurde mir die Gefahr, in der ich mich befand und in die ich andere gebracht hatte, bewusst. Auch wenn es nur wenige Sekunden waren, waren sie dennoch lebensgefährlich! Ich öffnete das Fenster, um frische Luft hereinzulassen und tief durchzuatmen. Für mich war das ein Schicksalsmoment. Ich dankte meinem Gott, dass nichts passiert war.

Das war das letzte Mal, dass ich im Lkw bei Heizungsluft mit geschlossenen Fenstern gefahren bin. Von da an achtete ich darauf, dass das Seitenfenster immer einen Spalt weit offen war, unabhängig davon, wie niedrig die Außentemperatur war. Lieber habe ich mich in meinen dicken Parker eingewickelt und einen Wollschal um den Hals geschlagen, als dass ich Derartiges noch einmal riskieren wollte. Die Heizung sorgte für warme Füße, und zugleich hatte ich oben frische Luft. Da Kaffee nicht zu meinem Lebenselixier zählt, hatte ich mir angewöhnt, immer Traubenzucker dabeizuhaben, der mir bei aufkommender Müdigkeit wieder Auftrieb gab. Diese Erfahrung war mir eine Lehre!

Winterliche Erlebnisse in der Schweiz

23.11.1990: Wieder war ich auf dem Weg nach Italien. Da ich durch die Schweiz fuhr, nahm ich den über 9 km langen Seelisbergtunnel, der die Kantone Nidwalden und Uri verbindet. Kurz nachdem ich in den Tunnel fuhr, sah ich, wie sich vor mir ein langer Stau entwickelte. Der Verkehr stand und ich mit ihm – mitten im Tunnel. Ich sah, wie einige Autofahrer mit Schneeketten hantierten. Fahrzeuge, die keine Schneeketten hatten, wurden von der Polizei rechts an die Seite gewinkt, wo sie erst einmal warten mussten; diejenigen mit Schneeketten durften weiterfahren. Ich hatte keine Schneeketten dabei und steckte buchstäblich im Tunnel fest, ohne etwas tun zu können. Ich bekam Panik. Irgendwie hatte ich das Gefühl, diesem Tunnel hilflos ausgeliefert zu sein, zumal ich keinen Kontakt zur Außenwelt hatte. Nicht einmal meinen Chef konnte ich anrufen, um seine Zustimmung zum Kauf der so dringend benötigten Schneeketten einzuholen. Ich wusste nur eines, ich wollte so schnell wie möglich aus diesem Tunnel heraus. Gedacht, getan: Ich setzte meinen linken Blinker, fuhr auf die Überholspur und peilte das Ende des Tunnels an, in der Hoffnung, dass die Lage auf der anderen Seite des Tunnels doch nicht so schlimm sein wird.

Doch als ich aus dem Tunnel herausfuhr, erschrak ich. Vor mir fielen dicke Schneeflocken; vor lauter Schneetreiben konnte ich kaum durch die Scheibe sehen. Auf der Straße türmte sich eine Schneedecke von einem geschätzten halben Meter auf. Bereits nach hundert Metern blieb ich im Schnee stecken. Nichts ging mehr. Die Räder drehten durch – ein Lkw ist halt kein Pferdeschlitten. Wie ich später erfahren habe, fiel in dem Gebiet – also auf der Südseite des Tunnels – innerhalb weniger Stunden so viel Schnee wie sonst in mehreren Tagen in der ganzen Schweiz. Die Räumfahrzeuge kamen angesichts dieses plötzlichen Wintereinbruchs und des heftigen Schneetreibens nicht mehr nach.

Für mich war nur eines wichtig: Ich musste so schnell wie möglich an Schneeketten kommen, aber zunächst einmal an ein Telefon. So machte ich mich auf in das nächstgelegene Dorf mit Namen Altdorf. Während ich mich durch die Massen von Neuschnee kämpfte, ging mir durch den Kopf: „Hätte ich doch bloß auf die Polizei gehört und wäre im Tunnel stehen geblieben!"

Auf dem Weg in das Dorf fragte mich ein freundlicher 2-CV-Fahrer, ob er mich mitnehmen könne. Ich war so froh und dankbar und erklärte ihm, in welcher Situation ich mich befand. Er setzte mich sodann vor einer Autowerkstatt ab, wo ich völlig aufgelöst mein Problem noch einmal schilderte und um Schneeketten bat, die ich dringend benötigte. Außerdem müsse ich meinen Chef anrufen.

Ich werde die netten Schweizer in der Werkstatt nie vergessen. Sie hatten eine Geduld und eine Ruhe, die mir fremd waren, und nahmen sich meines Problems an. In breitem Schwyzerdütsch, das auf mich in dem Moment beruhigend wirkte, meinte der Werkstattmeister: „Jetzt setzen Sie sich erst einmal hin, dann werden wir weitersehen." Er reichte mir eine Tasse duftenden Kaffee. Mein Chef erteilte mir zwischenzeitlich „grünes Licht" für den Kauf von Schneeketten.

Anschließend nahm der Werkstattmeister den Telefonhörer in die Hand und telefonierte von einer Stelle zur anderen, mit dem Ergebnis, dass in der gesamten Schweiz derzeit keine Schneeketten zu bekommen waren. Ausverkauft! Doch der Werkstattmeister ließ mich wissen, dass in ein paar Stunden der Notdienst mit Schneeketten vor Ort sein würde.

Nun hieß es: Warten, warten und nochmals warten, bis wieder Nachschub da war. Ich war dankbar, in dem warmen Werkstattbüro sitzen zu dürfen, umgeben von freundlichen Menschen, die bestens für mich sorgten – und das in mehrfacher Hinsicht. So konnte ich mich langsam aufwärmen, wurde mit Kaffee und belegten Brötchen verwöhnt und wusste, dass für mein Anliegen gesorgt war.

Nach etwa zweistündiger Wartezeit bekam ich Order, zum Lkw zurückzukehren, da der Schweizer Straßennotdienst mit Schneeketten – auch für Lkws – unterwegs sei. Ich war schon dabei, mich zu Fuß auf den Weg zu machen, als mir der Werkstattmeister anbot, dass mich einer seiner Mitarbeiter zum Lkw fahren könne. Ich war sehr dankbar, dass ich mich nicht noch einmal zu Fuß durch den Tiefschnee kämpfen musste. Bei der kilometerlangen Strecke wäre ich mit meinen Kräften dann doch an die Grenzen gekommen.

Zeitgleich mit mir war auch schon der Pannennotdienst mit Schneeketten vor Ort. Der freundliche Mensch montierte mir die Schneeketten direkt auf die Räder, gleichzeitig erklärte er mir, was ich beim Montieren beachten musste. Mittlerweile war es Abend geworden. Erschöpft von der Aufregung und dem Schnee-Abenteuer bin ich zur nächsten Raststätte gefahren, wo ich als Erstes eine heiße Dusche nahm, dann noch etwas aß und ein Glas Glühwein trank, bevor ich todmüde ins Bett fiel und den Schlaf der „Gerechten" schlief.

Wie man an Aufträge kommt

29.11.1990: Diesmal war ich für die Opel-Werke unterwegs und hatte Autoersatzteile von Rüsselsheim nach Eisenach zu transportieren.

Diese Tour fuhr ich zweimal. Als ich zum dritten Mal Order bekam, leer von Eisenach zu Opel nach Rüsselsheim zurückzufahren, war ich der Meinung, eine neue Ladung für Eisenach zu bekommen. In meinem Eifer stellte ich mich im dortigen Versandbüro für eine weitere Fracht zur Verfügung und bekam prompt eine neue Ladung für Eisenach. Anschließend rief ich den Disponenten unserer Firma an, der mich anwies, wieder nach Schwetzingen – an unseren Standort – zurückzufahren. Es kam mir merkwürdig vor, dass ich mit dem voll beladenen Lkw nicht direkt nach Eisenach, sondern erst nach Schwetzingen fahren sollte.

Als ich auf unserem Betriebshof ankam, wurde mir eröffnet, dass der Lkw benötigt würde, um die Ladung eines verunfallten Lkws in Frankreich in meinen Lkw umzuladen. Ich erklärte meinem Chef, dass der Lkw bereits voll beladen sei. Die großen Augen meines Chefs verrieten mir, dass er davon ausging, dass ich leer bzw. ohne Ladung von Rüsselsheim zurückkäme. Schließlich hatte er in Rüsselsheim keine weitere Fracht geordert. Hier war offensichtlich etwas schiefgelaufen. Mein Chef rief in Rüsselheim an und klärte das Missverständnis auf.

Anerkennend fragte er, wie ich es geschafft habe, eine weitere Tour zu bekommen. Ich antwortete, dass ich mich ganz selbstverständlich nach der nächsten Tour erkundigt habe und diese dann auch bekam. Daraufhin bemerkte mein Chef schmunzelnd, dass es nicht immer einfach sei, an Aufträge zu kommen. Wie ihm scheint, habe ich ein gutes Händchen, eigentlich könne er ja dann nach Hause gehen, ich würde schon genügend Aufträge „an Land ziehen".

Trabbifahren

20.12.1990: Nachdem ich den Lkw um 9 Uhr bei der Abladefirma in Hoppegarten (Brandenburg) bei Berlin abgestellt hatte und einige Stunden Wartezeit in Kauf nehmen musste, bis der Lkw abgeladen wurde, fuhr ich mit dem Taxi nach Westberlin. Die nette Taxifahrerin lud mich spontan zu einer Tasse Kaffee ein und gewährte mir im Nu einen kurzen Einblick in das Berlin von heute. Genauso aufgeschlossen begegnete mir der Arbeiter der Firma, bei der ich ablud. Er bot mir an, mich in seinem Trabbi mit zu einem Imbiss zu nehmen. In so einem „Autochen" (Betonung auf „chen") zu fahren ist wirklich ein Erlebnis. Laut und qualmend setzte sich das Gefährt nach einigem Ruckeln in Bewegung. Doch lieber schlecht gefahren als gut gelaufen. Der Trabbi ist wie der 2 CV ein Kultauto. Entweder man liebt dieses Vehikel, oder man lehnt es ab; ich denke, ein Dazwischen gibt es nicht. Nach der Fahrt schloss ich mich der Liebe meines Fahrers zu diesem Gefährt an.

Impressionen von unterwegs

23.01.1991: Es war ein Morgen wie im Bilderbuch: Gut geschlafen startete ich um 7 Uhr nach Oggiono. Auf meiner einsamen Fahrt durch die toskanischen Berge wurde ich von der aufgehenden Sonne begleitet. Ihr Leuchten sorgte dafür, dass sich der Nebel bald lichtete und ein wolkenloser blauer Himmel über mir erstrahlte. Einfach herrlich, das erleben zu dürfen! Ich glaube, das ist es, was mir an diesem Beruf so gefällt, das Unerwartete und Überraschende, man könnte auch sagen: das „Abenteuer". Es macht den Beruf zu dem, was er ist: spannend und interessant. Nie habe ich gewusst, was auf mich zukommt. Kein Tag glich dem anderen. Ja, dieses Berufsleben steckt voller Überraschungen, und wie in jedem anderen Beruf konnte auch ich mir nicht nur die Rosinen herauspicken.

Es gibt schöne und weniger schöne Erlebnisse. Letztere gehören ganz selbstverständlich dazu. Ich erinnere mich zum Beispiel an den Ärger mit den Zöllnern und den Papieren. Oder die Reparaturen, die meist zur Unzeit am Lkw vorgenommen werden mussten, nämlich dann, wenn sie sich nicht mehr aufschieben ließen. Auch Fälle, in denen die Ladeadresse nicht korrekt angegeben war, haben mich Zeit, Schweiß und Nerven gekostet.

In guter Erinnerung geblieben ist mir auch das malerische Bergdorf bei Village Catalan in Südfrankreich kurz vor der spanischen Grenze bei einer Fahrt im Frühjahr. Auf dem Weg nach Spanien beschloss ich, Feierabend zu machen, da mein Lenkzeitlimit bereits erfüllt war, und vertrat mir am Abend noch etwas die Füße. Während ich durch das idyllisch gelegene Bergdorf spazierte, leuchtete der Himmel über mir in den warmen blutroten Tönen der untergehenden Sonne. Ich betrachtete fasziniert die hellen Strahlen und sog sie tief in mich auf. Zugleich war ich umgeben von einem wunderbaren, frühlingshaften, leicht süßen Blütenduft, in den ich mich regelrecht eingehüllt fühlte. Ich genoss die Stille, die sich auf wunderbare Weise um mich ausbreitete – eine Stille, die von so viel Schönheit erfüllt war und in der das Lob Gottes ganz still und leise erklang. Ich betrachtete fasziniert den Himmel und atmete den Duft der Landschaft tief in mich ein. Es war herrlich! Aus Freude und Dankbarkeit fing ich an zu singen – laut und von Herzen –, ich war ja allein. Und falls mich doch jemand hätte singen hören, dann wäre es mir auch recht gewesen.

In dem Moment taten mir die Büroleute in der Spedition fast schon leid: Wahrscheinlich wussten sie gar nicht, was ihnen entging. Tagein, tagaus saßen sie hinter ihren Schreibtischen und führten unzählige Telefonate, den Blick auf die wenig romantischen Lagerhallen gerichtet. Wie schön ich es doch hatte, meinen Traum vom Lkw-Fahren leben zu können. Gott sei Dank!

Die Kohlen aus dem Feuer holen

28.01.1991: Um 7:45 Uhr fuhr ich zur Firma ABB, die eine Ladung für Ingolstadt hatte. Mein Chef meinte sehr entschieden: „Diese Tour übernimmt Frau Blohm." Ich wunderte mich und fragte mich: „Warum ausgerechnet ich?" Später erfuhr ich es.

Auf der Tour lief alles wie gewohnt. Als ich zurück auf unseren Betriebshof kam, fragte mich mein Chef, ob dort irgendjemand etwas gesagt hätte. Wahrheitsgemäß verneinte ich, woraufhin mein Chef mir eröffnete, dass der Lkw schon zwei Tage früher hätte dort sein sollen. Er habe mich für die Fahrt ausgewählt, da er hoffte, dass ich die Leute milde stimmen würde, was mir ja offensichtlich auch gelungen war.

Er fragte noch, was ich mit den Leuten machen würde. Wenn er bei den Betrieben telefonisch nach mir fragte, würden diese offensichtlich alles liegen und stehen lassen und begeistert von mir reden: „Ja, die Lkw-Fahrerin, ja, die Frau ..." Ich freute mich, insbesondere über sein Kompliment, dass ich eine positive Ausstrahlung hätte, die wohl ansteckend wirke. Vielleicht lag es auch einfach nur an dem Bonus, den ich als Frau unter Männern genoss. Ich gab meinem Chef zu verstehen, dass ich nichts weiter als meine Arbeit machte. So jedenfalls verstand ich meinen Job.

Andere Länder, andere Sitten

27.02.1991: Als ich am frühen Morgen in Worpswede Torf laden musste, hat es mir fast den Atem verschlagen. Selten habe ich einen Staplerfahrer gesehen, der die Paletten so schnell in meinen Lkw hievte wie dieser Arbeiter. Es war unglaublich. Bei der Geschwindigkeit, die der Staplerfahrer an den Tag legte, musste ich aufpassen, dass er mich nicht noch umfuhr. Ich fragte mich, ob er im Akkord arbeitete.

Mir ist aufgefallen: Je weiter südlicher ich kam, desto mehr Zeit und Ruhe hatten die Menschen. So traf ich in Italien einen Staplerfahrer, der laut pfeifend und völlig entspannt seine Arbeit verrichtete. Ein andermal waren es drei Lagerarbeiter, die mindestens zehn Minuten um eine Holzkiste standen und temperamentvoll gestikulierend diskutierten, wie sie am besten die Kiste in den Lkw hieven könnten. Ich hatte den Eindruck, die Leute hatten einfach mehr Zeit bzw. nahmen sich die Zeit. Vielleicht lag es auch an den wärmeren Temperaturen. Jedenfalls empfand ich es als angenehm, mich hin und wieder von der südländischen Mentalität anstecken zu lassen und den Druck, den ich mir meistens selbst auferlegte, abzulegen und im Augenblick zu verweilen.

Netter Wirt und helfende Hände

Auf der Rückfahrt von Norddeutschland nach Schwetzingen stellte ich bei Frankfurt fest, dass am Lkw irgendetwas mit der Kupplung nicht in Ordnung war. Ich war froh, dass ich es noch bis zum Rasthof Wetterau geschafft hatte. Mein Chef, den ich über das Problem informierte, ließ einen Abschleppdienst kommen, der den Lkw in die Werkstatt nach Oberursel brachte. Da das Ersatzteil – der Kupplungsgeber – nicht vorrätig war und die Reparatur noch etwas dauern konnte, habe ich mir in der Nähe eine nette, kleine Pension gesucht. Am nächsten Morgen wurde mir ein opulentes Frühstück kredenzt, verziert mit einem Ferrero Küsschen, an dem ich meine wahre – ich muss schon sagen: kindliche – Freude hatte!

Da das Ersatzteil am nächsten Tag noch nicht da war, genoss ich die freien Stunden im Grünen und ließ mich von den ersten warmen Sonnenstrahlen, die von Frühling und Aufbruch kündeten, verwöhnen. Am Nachmittag erhielt ich Bescheid, dass mein Lkw repariert ist. Ich fuhr zum Rastplatz Wetterau zurück, um den dort geparkten Anhänger zu holen.

Nun stand ich vor der Anhängerkupplung, die zu öffnen für mich normalerweise überhaupt kein Problem war. Diesmal bemühte ich mich vergeblich. Mit beiden Händen zog und rüttelte ich – doch es tat sich nichts. Irgendwie machte ich wohl einen ziemlich verzweifelten Eindruck. Plötzlich stand ein gut gekleideter Herr im hellen Tuchmantel, mit Anzug, weißen Hemd und Krawatte vor mir und fragte, ob er mir helfen könne. Ich sah ihn von oben bis unten an und meinte: „Oh, nein, besser nicht, Sie machen sich nur schmutzig." Diese Art von Arbeit wollte ich ihm nicht zumuten. Seinem Aussehen nach zu urteilen, traute ich ihm, ehrlich gesagt, auch nicht zu, kraftvoll zupacken zu können. Da hatte ich mich allerdings tüchtig getäuscht. Mit einem gekonnten, kräftigen und zielgerichteten Handschlag sprang die Anhängerkupplung auf. Ich staunte und fragte, ob er öfters mit Lkws zu tun habe. Er lächelte und meinte, dass Lkws durchaus zu seinem Metier gehörten. Wie sich herausstellte, leitete er eine Spedition. Offenbar hatte er es nicht verlernt, auch selbst Hand anzulegen.

Ein Traum wird wahr – ein neuer Lkw

08.03.1991: Nach eineinhalb Jahren Betriebszugehörigkeit wurde mir ein nagelneuer Lkw mit 400 PS der Marke DAF, für Wechselbrücken ausgestattet, zugeteilt (der Lkw war ausgestattet mit einer Klimaanlage, Tempomat, Retarder und beheizbaren Außenspiegeln – das war Komfort pur!). Meine Freude war riesengroß! Ein Traum, der für mich in Erfüllung gegangen ist.

Meine Freude über den neuen Lkw war so groß, dass ich sie mit jedem, der mir über den Weg lief, teilen wollte; am liebsten – soweit es die Zeit zuließ – bei einem gemeinsamen Imbiss. So ergab es sich, dass ein Kollege, auf den ich am nächsten Tag stieß, mir über eine Stunde ausführlich erklärte und zeigte, worauf ich beim Umbrücken zu achten habe. Das Wissen konnte ich schon bald anwenden – eine wertvolle Hilfe, für die ich sehr dankbar war.

Und wieder die Brücken ...

Nürnberg ist für mich bis heute die Stadt mit den meisten niedrigen Brücken. Bis zu meiner ersten Fahrt dorthin wusste ich nicht, dass es in Nürnberg so viele Brücken unter 4 m Höhe gibt. Im Stadtplan vermisste ich Angaben zur Höhe der Brücken, unter denen ich hindurchfahren konnte, um an mein Ziel – die Spedition Schenker – zu gelangen. Auf dem Weg dorthin hinderten mich immer wieder zu niedrige Brücken an der Weiterfahrt, sodass ich wiederholt rückwärtsrangieren musste. Die mir nachfolgenden Pkws wichen mehr oder weniger bereitwillig aus, damit ich in die andere Richtung fahren konnte. Irgendwann erspähte ich eine Telefonzelle. Ich griff zum Hörer und rief genervt bei der Spedition an. Als ich mein Problem kurz und hastig beschrieb, wurde mir nüchtern mitgeteilt, dass es nur einen Weg gibt, der für Lkws problemlos befahrbar ist. Ich ließ mir die Strecke genau beschreiben und kam wenig später dort an.

Eine ähnliche Situation erlebte ich in Spanien. Nach einer Weile, in der ich über das weite Land gefahren war, stand ich plötzlich vor einer Rundbogenbrücke, die – so verriet es das Schild – nur drei Meter fünfzig hoch war. Mein Lkw war vier Meter hoch. Da ich keinen Umweg nehmen wollte, ließ ich die Luftfederung für die Wechselbrücke nach unten. Das Experiment gelang. Mithilfe eines entgegenkommenden Autofahrers, den ich bat, zu beobachten, ob der Abstand zwischen der Lkw-Plane und dem Brückenbogen für die Durchfahrt ausreichend ist, zirkelte ich meinen „Großen" langsam mittig unter der Brücke hindurch. Der Lkw hatte keine Schramme abbekommen und die zu niedrig geratene Brücke, Gott sei Dank, auch nicht!

Vertrauen ist gut – Kontrolle ist besser

Frühmorgens, kurz bevor ich von meinem Parkplatz direkt vor dem Grenzübergang in Chiasso in Richtung Süden losfahren wollte, fuhr ein Lkw so dicht an mir vorbei, dass er den Seitenspoiler meines neuen Lkws touchierte. Ich stieg aus, lief zum Fahrer und wies ihn darauf hin, dass er meinen Lkw beschädigt habe. Er hatte es offensichtlich eilig und schlug vor, uns hinter der italienischen Grenze zu treffen, dort würde er auf mich warten, um die Sache mit den Papieren zu klären. Ich vertraute ihm.

Kurze Zeit später ist mir aber schnell klar geworden, dass er sich nach dem Passieren der Grenze aus dem Staub machen könnte. Im Laufschritt eilte ich auf dem Zollgelände an den im Schritttempo fahrenden Lkws vorüber. Mit jedem Schritt stieg mein Adrenalinspiegel weiter in die Höhe. Gott sei Dank stand der Kollege noch im italienischen Zollbereich. Als ich an seinem Lkw ankam, riss ich wütend die Fahrertür auf und befahl ihm, sofort auszusteigen und seine Fahrzeugpapiere vorzulegen. Er zögerte, sodass ich ihn nochmals energisch aufforderte und ihm drohte: „Wenn du jetzt nicht aussteigst, trommle ich über Funk alle Kollegen zusammen. Ich verspreche dir, du fährst hier keinen Meter mehr weiter!" Er sah zu seinem Funkgerät, dann zu mir. Offenbar erkannte er meine Entschlossenheit. Außerdem hatten sich mittlerweile mehrere Kollegen hinter mir versammelt. Ihm wurde wohl klar, dass er keine Chance hatte abzuhauen. Er stieg aus und lief mit mir zu meinem Lkw. Ich zeigte ihm den Schaden; anschließend haben wir die nötigen Papiere ausgetauscht.

Nachdem die Sache geregelt war, beruhigte ich mich wieder. Ich gab ihm die Hand und verabschiedete mich mit den Worten: „Nachdem wir die notwendigen Formalitäten zur Schadensabwicklung erledigt haben, kann ich wieder ‚Kollege‘ zu dir sagen. Ich wünsche dir gute Fahrt." Etwas benommen, wohl durch mein resolutes Auftreten, lief er zurück zu seinem Lkw. Ich war froh, gerade noch rechtzeitig reagiert zu haben.

Spanien-Rundlauf

Frühmorgens hatte ich bei der Firma Trumpler in Worms Lederöle und -fette geladen. Nachdem ich Frankreich durchquert hatte, passierte ich am nächsten Tag bei La Jonquera die Grenze zu Spanien. Auch an diesem Morgen waren Hunderte Lkws vor mir. Um 11 Uhr 30 bekam ich dann endlich die Zollpapiere. Drei Stunden später traf ich auf dem Gelände der Chemiefabrik Trumpler in Barcelona – einer Niederlassung der Wormser Firma – ein, bei der die Fracht abgeladen wurde und ich gleich eine Rückladung für die Zentrale in Worms in Empfang nahm. Dann ging es wieder zurück in Richtung Frankreich. Die Fahrt durch die karge Landschaft Kataloniens genoss ich, zumal nur wenige Autos unterwegs waren, sodass ich mich ganz der Musik im Radio hingeben konnte. Gegen 20 Uhr kam ich schließlich in La Jonquera an der Grenze zu Frankreich an und beschloss, Feierabend zu machen.

Am nächsten Morgen um 8 Uhr gab ich meine Papiere beim Spediteur ab und hatte diese gut eine Stunde später schon wieder in der

Hand. Normalerweise musste ich mit einer Wartezeit von mindestens drei Stunden rechnen. Dann ging es weiter entlang der südfranzösischen Küste vorbei an Perpignan, Béziers und Montpellier durch liebliche Landschaften mit mediterranem Flair. Auf der breiten Autobahn mit nur wenig Verkehr genoss ich die herrliche Landschaft, die atemberaubende Weite, den Blick auf das Mittelmeer, dessen Farbe immer wieder wechselte von Hellblau über Türkis bis Schwarzblau, je nach Stand der Sonne. Ein fröhliches Farbenspiel, auf das sich der glitzernde, nie endende, diamantstrahlende Wellenschaum legte. Ebenso ergriffen war ich von den Bergen, die links von mir majestätisch in die Höhe ragten. Die schneebedeckten Bergkämme der Pyrenäen bildeten einen wunderschönen Kontrast zum türkisfarbenen Meer und dem strahlend blauen Himmel. Nicht weit von der Autobahn entfernt wuchsen riesengroße Agaven, dazu großfächerige Palmen.

Nach etwa drei Stunden Fahrt musste ich die Küste hinter mir lassen und ins Landesinnere abbiegen. Am späten Abend bin ich nach über 800 km Fahrt schließlich in Besançon angekommen, wo ich beschloss, Feierabend zu machen, und müde ins Bett fiel. Als ich am nächsten Tag gegen Mittag auf dem Hof der Abladefirma in Worms ankam, lag eine Strecke von knapp 3000 km quer durch Südeuropa hinter mir. Im Büro war man überrascht, dass ich für diese Strecke nur knapp vier Tage benötigt hatte einschließlich Ent- und Beladen sowie Zollabfertigung. Dies gelingt aber nur, wenn alles zügig und reibungslos verläuft. Und: Wer aus Leidenschaft fährt und die Freiheit der Straße liebt, für den spielen Entfernungen keine Rolle. Mit einem 40-Tonner quer durch Europa zu fahren, das war für mich Freiheit – eine Leidenschaft, die alle Anstrengungen wettmachte.

Achtung, Lebensgefahr!

Es gibt Augenblicke im Leben, die über Glück oder Unglück, Leben oder Tod entscheiden. Solche Momente habe ich auf meinen Fahrten immer wieder erlebt. Manchmal sind es winzige Augenblicke, in denen wir intuitiv reagieren, ohne zu überlegen. Erst im Nachhinein werden wir uns der Tragweite unseres Handelns bewusst.

So stand ich an einem schönen Sommernachmittag mit dem Lkw auf unserem Betriebshof, um mir die Papiere für meine nächste Fahrt aus dem Büro abzuholen. Anschließend stieg ich in den Lkw, ließ den Motor an, löste die Handbremse und hatte schon den Fuß auf dem Gaspedal. Routinemäßig warf ich einen Blick in meine Außenspiegel. In dem Moment, als ich losfahren wollte, sah ich, wie der Seniorchef unter dem Anhänger hervorsprang. Ich war wie gelähmt vor Schreck – um ein Haar hätte ich den Mann überfahren! Außer mir fragte ich ihn, was er unter dem Anhänger zu suchen habe, und bekam zur Antwort: „Ich wollte nur nach den Bremsen schauen." Gott sei Dank ist das noch einmal gut gegangen!

Wochenende in Südfrankreich

Da auch in Frankreich ein Sonntagsfahrverbot für Lkws besteht, musste ich auf meiner Fahrt nach Spanien eine Zwangspause in Südfrankreich einlegen. Eine Pause, die mir außerordentlich guttat. Am Morgen weckten mich die ersten Sonnenstrahlen, die in meine Kabine blinzelten. Zwar noch etwas verschlafen, aber neugierig, wie es wohl hier aussah, stieg ich aus dem Lkw, um mir die Gegend anzusehen. Ich war begeistert von der Landschaft, die sich vor meinen Augen auftat: die im Sonnenlicht gleißenden Schneegipfel der Pyrenäen auf der einen und das weite blaue Meer auf der anderen Seite. Ich atmete den süßen Duft der Zypressen tief in mich ein und kam mir vor wie im Urlaub.

„Was macht man an einem freien Tag wie diesem?", überlegte ich. Nach dem Duschen gönnte ich mir in dem exklusiven Rasthof ein ausgiebiges Frühstück. Auf dem Frühstückstisch lagen neben Messer und Gabel Tuchservietten, der Tisch war weiß gedeckt, und ich wurde von einer freundlichen Servicedame bedient. Ich genoss den Luxus, der in diesem Beruf die Ausnahme ist. Während des Frühstücks beschloss ich, die Umgebung zu Fuß zu erkunden.

Weit weg, auf einem sanften Hügel liegend, entdeckte ich ein kleines Dorf, das ich mir als Ziel auserkor. Ich genoss es, durch die einsame, wildromantische Gegend zu spazieren und die Gerüche von Blumen und Kräutern tief in mich aufzunehmen. Als ich in dem kleinen südfranzösischen Dorf an der Grenze zu Katalonien/Spanien, fernab von jeglichem Tourismus, ankam, erlebte ich eine Schönheit und Idylle, die an paradiesische Zustände erinnerte. Der Frieden, der hier oben herrschte, erschien mir zeitlos wie die Ewigkeit. Eine unbeschreiblich wohltuende Ruhe begleitete mich auf meinem Weg durch die schmalen, malerischen Gassen. Ich entdeckte eine Café-Bar, die noch geschlossen war. So bummelte ich weiter durch die mit altem Kopfsteinpflaster bedeckten, noch menschenleeren Gassen. Es war ein Vergnügen, jede dieser vielen kleinen Ecken mit ihren immer wieder neuen Überraschungen und Schönheiten zu erkunden. Einer meiner Vorfahren musste wohl Pfadfinder gewesen sein – jedenfalls wurde ich nicht müde, zu laufen und mit allen Sinnen meine Umgebung wahrzunehmen. Ich lebte ganz und gar im Augenblick. Es war herrlich, für einen kleinen Moment, der für mich die Ewigkeit bedeutete, dem Alltag völlig enthoben zu sein!

Während meines Spaziergangs durch die Gassen gesellte sich ein großer schwarzer Hund zu mir, offenbar eine Art Dorfhund, der mich ein ganzes Stück neugierig und schwanzwedelnd begleitete. Ein lieber Kerl, der es sichtlich genoss, wenn ich mit meiner Hand über sein struppiges Fell fuhr und ihn streichelte. So hatte ich in dem verträumten Dorf einen treuen Begleiter, der mir bis zum Ortsrand Gesellschaft leistete. Als ich mich von ihm verabschiedete, sah er mir noch eine ganze Weile nach, bis ich nach einigen Hundert Metern hinter einer Wegbiegung verschwand.

Am Nachmittag kündigte sich Regen an, sodass ich es mir in meinem Lkw bequem machte, Musik hörte und las. Zwischendurch schrieb ich Ansichtskarten an Freunde, die zu Hause auf mich warteten.

Das Glück auf Rädern kommt ohne Luxus aus. Meine Fahrerkabine war gerade mal vier Quadratmeter groß. Darin befanden sich mein Arbeitsplatz, das Wohn- und Schlafzimmer.

Der Tag neigte sich seinem Ende zu. Erfüllt von den vielen schönen Erlebnissen fiel ich in einen tiefen und festen Schlaf.

Es kommt mir „spanisch" vor

Man muss nicht erst nach Spanien fahren, damit einem etwas „spanisch" vorkommt. Doch wer einmal in Spanien unterwegs war, der weiß das Sprichwort in doppeltem Sinn zu deuten. Zumindest ging es mir vor über dreißig Jahren so, als ich durch Spanien fuhr. Wenn ich in Barcelona nach der Firma suchte, bei der ich abladen sollte, war ich schon manchmal nahe am Verzweifeln. Als Adresse wurde mir zum Beispiel „Bundesstraße Nr. 5, bei Kilometer 18 rechts abbiegen" angegeben; dort sollte dann irgendwo die Firma sein. Was sollte ich allerdings machen, wenn die Kilometersteine, die sich rechts am Straßenrand befinden sollten, fehlten oder zwischenzeitlich mit Gras überwuchert waren? Eine Firma auf diese Weise zu finden gestaltete sich äußerst spannend.

Der Stadtplan von Barcelona half in dem Fall auch nicht wirklich weiter. Denn es ist dort nicht selbstverständlich, dass die Straßen auch Straßennamen trugen. Oder, wenn ich mich auf einer Schnellstraße verfahren hatte und auf der anderen Seite wieder zurückfahren wollte, konnte es durchaus passieren, dass ich an der nächsten Kreuzung vor einem Verkehrsschild stand, das mir anzeigte, dass eine Weiterfahrt nur für Lkws mit einer Länge von maximal zwölf Metern erlaubt war. Mein Lkw war achtzehn Meter lang. Angesichts der engen Straßen, vor denen ich schon gestanden hatte, war das auch ohne Schild zu erkennen: Größere Lkws haben es in Barcelona einfach schwer.

Gott sei Dank war in dem Fall an der Kreuzung eine breitere Straße zu sehen, in die ich – nach einigen Rangiermanövern wegen der dort parkenden Autos – einbiegen konnte. Ich fuhr wie durch ein Labyrinth aus schmalen und breiten, mal mehr, mal weniger verwinkelten Straßen, ohne zu wissen, wo ich am Ende ankam.

Nachdem ich eine Stunde in Barcelona herumgeirrt war, hielt ich genervt an einer Tankstelle und bat den Tankwart, mir ein Taxi zu bestellen, damit es mich zu der Firma, aus deren Adresse ich nicht schlau wurde, lotsen konnte. Der Tankwart war sehr bemüht und wollte mir aufzeichnen, wie ich zu fahren hatte. Dafür hatte ich allerdings keinerlei Elan mehr und bat ihn wiederholt, mir ein Taxi zu bestellen. Offenbar sah er mir meine Verzweiflung an. Mit einem Mal drehte er sich um, kam mit einem Schlüssel in der Hand zurück und schloss die Tankstelle ab. Ich war verwundert und fragte mich, was er wohl vorhat. Er stieg in sein Auto und bat mich, ihm zu folgen. So fuhr ich hinter ihm her. Er bog in eine parallel zur Schnellstraße verlaufende schmale, ungeteerte Seitenstraße ein. Dieser Weg entpuppte sich immer mehr als Schotterpiste mit Schlaglöchern, die so groß waren, dass man einen Hund darin hätte verstecken können. Die Fahrt führte in ein kleines Wäldchen. Im Stillen fragte ich mich: „Wo geht die Reise denn noch hin?" Ich konnte mir kaum vorstellen, dass sich in dieser Abgeschiedenheit eine Firma befand. Tatsächlich stand ich irgendwann vor einer größeren Bretterbude in der Peripherie von Barcelona. Hier also sollte ich abladen! Ohne Lotsen hätte ich mich niemals getraut, einen solchen Weg – für mich sah es aus, als ginge es in die „Pampa" – einzuschlagen.

Von der Firma war offensichtlich niemand mehr anwesend. Mittlerweile war es auch schon spätabends. Also musste ich das Abladen auf den nächsten Morgen verschieben. Ich beschloss, für heute Feierabend zu machen, verriegelte die Türen, zog die Vorhänge zu und fiel nach der aufregenden „Stadtrundfahrt" müde in mein Bett und versank in einen tiefen Schlaf.

Am nächsten Morgen wurde ein Teil der Fracht abgeladen. Für den Rest musste ich zu einer anderen Abladestelle fahren, zu der ich mich diesmal lieber gleich mit dem Taxi lotsen ließ. Die Erfahrung, die ich am Vortag gemacht hatte, wollte ich nicht noch einmal wiederholen.

Die letzte Wegstrecke führte durch eine enge Gasse. Dann endlich war ich auf dem Hinterhof der Firma, bei der ich abladen sollte. In den Hof hineinzufahren war nicht weiter schwer. Nach dem Abladen benötigte ich allerdings Unterstützung, um von dort wieder rückwärts heraus und auf die nächste Kreuzung zu gelangen. Die Mitarbeiter der Firma waren so nett und riefen die Polizei, damit diese den Verkehr auf der dicht befahrenen Straße anhielt und ich ungehindert zurückrangieren konnte. Auch das ist Spanien!

Wochenende in Lissabon

Freitagvormittag, 08.11.1991: Ich stand in Lissabon und hatte gerade abgeladen. Da die Papiere noch nicht fertig waren, hatte ich den Nachmittag zur freien Verfügung. Außerdem wartete ich auf eine Rückladung, sodass ich nicht wusste, wie viel Zeit mir in dieser schönen Stadt noch bleiben würde. Zweimal am Tag rief ich in unserer Spedition an, um mich zu erkundigen, ob eine Rückladung vorläge. Aus der Wartezeit machte ich das Beste:

Ich bestellte mir ein Taxi und ließ mich quer durch Lissabon chauffieren. Ich war begeistert von der Stadt und ihren vielen Sehenswürdigkeiten. Wer weiß, ob ich all das noch einmal zu Gesicht bekommen würde.

09.11.1991: An diesem Samstag war ich zusammen mit drei Kollegen, die ich auf dem Zollhof kennengelernt hatte, mit Bus und Straßenbahn noch einmal zu einem Bummel durch die Altstadt und zu den Sehenswürdigkeiten unterwegs. Anschließend aßen wir am Hafen – weit weg vom Touristenrummel – sehr gut Fisch in einem Lokal, das unter den Einheimischen als Geheimtipp galt. Es war ein einfaches Lokal mit getünchten Wänden und weißen Papiertischdecken. Der Fisch schmeckte jedoch ausgezeichnet! Ein Tag mit vielen schönen Erlebnissen und Eindrücken!

10.11.1991: An diesem Sonntag hatte ich mir vorgenommen, mit einer der alten, nostalgisch anmutenden Straßenbahnen zu fahren. Dieses Erlebnis gehörte meines Erachtens zu einem Besuch von Lissabon einfach dazu. Gleich morgens lief ich in die Stadt und beschloss, eine Rundfahrt zu machen. Ich nahm auf einer der alten Holzbänke

Platz, und schon im nächsten Moment setzte sich die Bahn ächzend in Bewegung. In der Nähe des Castello de São Jorge stieg ich aus und lief den Rest zu Fuß. Es hat sich gelohnt: Auf dem Berg lag die imposante Festungsanlage und mitten darin eine Ruine, die noch aus der Zeit der Mauren stammt. Von hier aus hatte ich einen sehr schönen Blick über die Stadt und auf die Hängebrücke, über die es zu der riesigen Jesus-Statue geht. Auch abends, bei beleuchteter Stadt, war dies ein herrlicher Anblick, der mich an Städte wie San Francisco und Rio de Janeiro erinnerte. Lissabon ist eine bezaubernde Stadt mit viel Charme!

Hofeinfahrt mit Tücken

Eine Schwierigkeit, die jedem Lkw-Fahrer vertraut ist, sind enge Hofeinfahrten. Sie erfordern nicht nur ein hohes Maß an Konzentration, sondern darüber hinaus Fingerspitzengefühl und manchmal auch Kreativität. So kann ich mich noch gut an die enge Hofeinfahrt der Firma erinnern, bei der ich Papierrollen laden sollte. Die Firma lag am Ortsrand von Bad Dürkheim. Das, was dem Ort seine Beschaulichkeit verlieh (kleine Anwesen und schmale Gassen), stellte für mich eine enorme Herausforderung dar. Die Hofeinfahrt, in die ich hineinfahren musste, war lediglich geschätzte 3,50 m breit, wobei noch Fahrräder an der Wand standen. Mein Lkw maß 2,50 m Breite. Klar war, dass ich zunächst einmal den Zug, das heißt den gesamten Lkw einschließlich des Anhängers, schnurgerade ausrichten musste, um dann rückwärts gerade in den engen Hof rangieren zu können. So hielt ich Ausschau, wie ich dies am besten erreichte. Genau gegenüber der Hofeinfahrt sah ich eine Firmeneinfahrt. Diese Einfahrt nutzte ich, um das Gespann gerade zu richten. So konnte ich den Lkw spielend leicht und nur mit minimalen Lenkbewegungen quer über die Straße hinweg in die für mich bestimmte Einfahrt gerade zurückrangieren. Nach wenigen Minuten hatte ich den Hängerzug durch die gut hundert Meter lange Hofeinfahrt zurückgerichtet. Ich erkannte erneut, dass Gott mich mit wertvollen Gaben für meinen Beruf ausgestattet hat. Allerdings ließ mir der schmale Hof kaum Platz, aus dem Lkw zu steigen.

Kupplungsschaden in Frankreich

24.03.1992: Es war auf dem Weg nach Portugal auf der Route Express in der Nähe von Montluçon, als ich bemerkte, dass mit meiner Kupplung etwas nicht in Ordnung war. In Montluçon konnte ich eine Lkw-Werkstatt ausfindig machen. Mit schleifender Kupplung kam ich gerade noch rechtzeitig dort an. Nun stand ich vor dem Problem, dass ich kein Französisch sprach und der Werkstattmeister kein Wort Deutsch konnte. Wie also sollten wir uns verständigen? Da fiel mir meine Freundin Monique ein, die Französin ist. Ich rief sie gleich an und bat sie, als Dolmetscherin zu fungieren. Ich erklärte ihr, worum es mir ging, und der Werkstattmeister antwortete ihr, was sie mir wiederum übersetzte. So konnten wir uns ganz gut verständigen. Wie sich herausstellte, musste die neu einzubauende Kupplung erst im Zentrallager von DAF in Frankreich bestellt und hergeschickt werden. Das würde mindestens zwei Tage dauern.

Aus dieser Zwangspause machte ich das Beste: Ich erkundete Montluçon und genoss den Spaziergang am nahe gelegenen Kanal. Die Ruhe – abseits der Straßen – und die ersten warmen Sonnenstrahlen taten mir unsagbar gut.

Am nächsten Tag beschloss ich, die Gegend zu Fuß zu erkunden. Die leicht wärmende Märzsonne zeigte sich unablässig als mein Begleiter, herrlich. So spazierte ich eine Zeit lang am dortigen Kanal entlang. Rechts und links des Kanals breiteten sich riesige Felder aus, während weit und breit kein Mensch zu sehen war – eine Wohltat für das Auge. Abseits des Ortes irgendwo zwischen Kanal und Feldern setzte ich mich auf meinen mitgebrachten Klappstuhl und las in meiner Truckerzeitschrift.

Plötzlich bemerkte ich, dass drei junge Männer auf mich zugelaufen kamen. Intuitiv fragte ich mich: „Wieso laufen die hier? Hier ist doch weit und breit nichts." Irgendwie wurde es mir ein bisschen komisch zumute. Ich nahm all meinen Mut zusammen, stand auf und ging forschen Schrittes auf die jungen Männer zu – nach dem Motto: „Angriff ist die beste Verteidigung." Ich zeigte auf die Zeitschrift, die ich gerade las, und erklärte mit Händen und Füßen, dass ich „Routier" sei, in der Hoffnung, dass mein Beruf respekteinflößend auf sie wirke. Sie lachten – offenbar glaubten sie mir nicht. Immerhin ließen sie mich in Ruhe und zogen weiter. Gott sei Dank! Der Spuk war vorbei.

Auch am Tag darauf bummelte ich noch einmal zu Fuß durch das schöne kleine Städtchen Montluçon, bevor ich mich am Abend endlich wieder hinter das Lenkrad begeben und mit neu eingebauter Kupplung weiterfahren konnte. Ich fuhr bis tief in die Nacht, um wenigstens etwas von der Zeit, die für die Reparaturarbeiten benötigt wurde, wieder einzuholen. Zugleich merkte ich, wie ein Teil von mir noch in Montluçon, dem kleinen und beschaulichen Städtchen, weilte.

Renault Magnum 500 – das damalige Flaggschiff

04.05.1992: Ich war total erfreut, als ich erfuhr, dass ich einen Vorführ-Lkw der Marke Renault Magnum 500 probeweise auf einem Portugalrundlauf fahren sollte. Der Magnum war zu der Zeit das Flaggschiff der Lkws: 500 PS, V-8-Motor, 16 l Hubraum und mit einem Mack-Motor aus den USA ausgestattet. Ob der Lkw leer oder mit vierundzwanzig Tonnen beladen war, merkte man beim Anfahren kaum. Mein Traum-Lkw! Wenn man im Leerlauf nur kurz Gas gab, „brüllte" der Motor auf wie ein vor Kraft strotzender Löwe. Wenn ich an den Sound denke, bekomme ich heute noch Gänsehaut. Manchmal frage ich mich, ob in meinen Adern wohl Diesel fließt.

Meine Ladestation war die BASF, bei der ich Chemikalien – Gefahrgut – laden sollte. Die Augen der Kollegen und Mitarbeiter vor Ort waren groß, als ich mit dem imposanten Lkw vorfuhr. Nachdem ich geladen hatte, ging es über Frankreich und Spanien nach Portugal.

Der Magnum war so gut gefedert, dass ich die weite Fahrt kaum spürte. Im Fahrerhaus hatte ich jede Menge Platz, da der Motor komplett darunter angebracht war, sodass die Mittelkonsole wegfiel. Ich konnte im Lkw sogar aufrecht stehen und darin quasi „spazieren gehen". Das war Luxus. Die hohe Sitzposition, kombiniert mit dem Wissen, 500 PS unter der Haube zu haben, gepaart mit 16 l Hubraum – diese schiere Kraft faszinierte mich!

11.05.1992: Nach einem Rundlauf von etwas über einer Woche war ich wieder zurück in Schwetzingen. Das ist die Zeit, die man mindestens für die Strecke von rund 5000 km – einschließlich Abladen, Beladen und Verzollen – einplanen muss. Dies gelingt aber nur, wenn alles optimal und reibungslos wie am „Schnürchen" läuft. Schweren Herzens gab ich den Lkw wieder ab. Mein Chef hatte entschieden, ihn nicht zu kaufen, da er – wie er meinte – zu viel Diesel benötigte. Na ja, ich konnte meinen Traum-Lkw wenigstens einmal fahren.

Streik der französischen Lkw-Fahrer

30.06.1992: Der nächste Rundlauf führte nach Italien. Hin fuhr ich über die Schweiz, da ich nicht mehr als achtundzwanzig Tonnen Gesamtgewicht hatte. Zurück musste ich über Frankreich fahren, da das Gesamtgewicht vierzig Tonnen betrug. Zur Erklärung: Durch die Schweiz dürfen nur Lkws mit einem Gesamtgewicht von maximal achtundzwanzig Tonnen fahren. Alles, was schwerer ist, muss entweder den Umweg über Österreich bzw. Frankreich nehmen oder von Freiburg bis Lugano die Bahnverladung wählen – HUPAC genannt.

In dem kleinen französischen Städtchen La Madelaine in der Nähe von Mâcon stoppte der Verkehr. Grund hierfür war ein Lkw-Fahrer-Streik. Ich wurde zur Seite gewinkt und musste mich mit etlichen anderen Lkws an den Straßenrand stellen. Ganz gleich, woher wir kamen, die Streikenden hinderten uns daran weiterzufahren. Der Streik sollte mehrere Tage andauern. Zum Glück konnte ich in einem nahe gelegenen Bistro telefonieren und meinen Chef informieren.

Diese Botschaft traf meinen Chef offensichtlich hart. Obwohl er weit weg war, sah ich ihn lebhaft vor mir – ähnlich wie das „HB-Männchen" in der Zigarettenwerbung, kurz bevor es in die Luft ging. Klar, einige Tage Zeitverlust, das war nicht schön. Steht der Lkw, kostet er nur. Nur wenn sich die Räder drehen, rollt für den Transportunternehmer auch der „Rubel". Aber was sollte ich tun, ich konnte ja schließlich nichts dafür.

Weiterfahren war unmöglich, die streikenden Lkw-Fahrer hätten sich vor dem Lkw platziert und mir schlimmstenfalls Bremsklötze an die Räder montiert. Eines musste ich ihnen jedoch zugutehalten: Es war für alles gut gesorgt. Am nahe gelegenen Sportplatz gab es saubere sanitäre Anlagen, die man benutzen konnte. Außerdem bekamen wir Baguettes mit Camembert und Wurst gereicht. Zwischendurch vertrat ich mir die Beine und inspizierte den Ort.

Einen Tag später erklärte mir ein Kollege, wie ich drehen und über einen Schleichweg in die entgegengesetzte Richtung fahren konnte. Zur Freude meines Chefs konnte ich mich auf geschickte Weise dem Ganzen entziehen und über einen Umweg in Richtung Dole weiterfahren, ohne erneut einem Streikposten in die Hände zu fallen.

Kasseler Berge – und die Polizei

Auf der Autobahn: Ich fuhr leer über die Kasseler Berge in Richtung Heimat; auf dieser Strecke gilt für Lkws Überholverbot. Nach dem Bergabfahren nutzte ich gerne den Schwung, um den nächsten vor mir liegenden Berg relativ zügig zu befahren. So auch dieses Mal. Ich ließ den Lkw bergab gut laufen. Weit vorne in der Talsenke sah ich, wie ein Unimog mit zwei Anhängern auf die Autobahn schlich. Da ich eine zügige Fahrweise gewohnt bin, wollte ich meinen „Dicken" nicht derart abbremsen und dadurch den so gewünschten Schwung verlieren. Ich sah in den Rückspiegel – die Überholspur war frei –, setzte den linken Blinker und überholte den Unimog. Wenige Hundert Meter weiter überholte mich plötzlich – wo kam die auf einmal her? – die Polizei, die mich anwies, auf die Standspur zu fahren und anzuhalten. „Oh weh", ging es mir durch den Kopf, ich wurde erwischt.

Der eine Polizist „kümmerte" sich um ein Wohnwagengespann, welches ebenfalls rausgezogen wurde, der andere Beamte kam zu mir, ließ sich die Tachoscheibe, den Führerschein und die Fahrzeugpapiere zeigen und fragte mich: „Sie wissen, warum Sie herausgewinkt wurden?" Kleinlaut bejahte ich dies. Mit ernster Miene erklärte er: „Der Bußgeldkatalog sieht hierfür Punkte in Flensburg vor!" Ich erklärte ihm, warum ich überholt habe. Er überlegte kurz und erteilte mir lediglich ein Verwarnungsgeld, das ich bereitwillig annahm.

Als er mir die Papiere zurückgab, sah ich, dass er einen Ehering am Finger trug. Erleichtert und aus reiner Dankbarkeit, dass ich mit einem „blauen Auge" davon gekommen bin, habe ich ihm spontan 20 DM angeboten, damit er seiner Frau einen Blumenstrauß kaufen könnte; sie würde sich sicherlich darüber freuen. Er wollte das Geld erst nicht annehmen, ich erklärte ihm dann: „Es ist ja keine Bestechung, denn ich habe Ihnen dies ja erst nach Ihrer Entscheidung angeboten. Von mir ist das lediglich eine ehrliche Geste des Dankes." Damit konnte ich ihn überzeugen. Sodann stieg ich in meinen Lkw und weiter ging die Fahrt über die Kasseler Berge.

Ein unvergessliches Erlebnis

17.09.1992: Auf der Rückfahrt von Italien – mit 24 Tonnen Wein im Gepäck – über Frankreich und den Mont-Blanc nach Deutschland konnte ich es mir nicht verkneifen, noch einmal in dem guten Routier in der Nähe von Albertville einzukehren, in dem ich vor einigen Wochen sehr gut gegessen hatte. Spätabends: Trotz Dunkelheit und strömenden Regens meinte ich das Schild, das nach rechts zeigte und mir den Weg zum Routier wies, wiedererkannt zu haben. Die Vorfreude auf das Omelette Spéciale, das ich vor meinem geistigen Auge sah, war groß und ließ mir das Wasser im Mund zusammenlaufen.

Ich war nicht mehr zu bremsen, drückte auf das Gaspedal, nahm die Abzweigung und freute mich auf das Abendessen.

Oh weh, ich musste feststellen, dass die Straße immer schmaler wurde. Allmählich aufkommende Zweifel, ob dies der richtige Weg ist, ignorierte ich. Der Hunger, der mich trieb, war größer als alle Bedenken, bis meine Fahrt an einem einsamen Gehöft endete. Jetzt half kein Tunnelblick mehr. Ich musste mir eingestehen, dass ich falsch abgebogen war. Nach dem guten Routier sah das hier nicht aus.

Wenden oder Rangieren war unmöglich, dazu fehlte mir der Platz. Außerdem war es zu dunkel, sodass ich unmöglich einschätzen konnte, was sich direkt hinter meinem Lkw abspielte. Und mit einem 40-Tonnen-Zug ins Ungewisse zu rangieren, das wollte ich auf keinen Fall. So stand ich ratlos da, als ein älterer Mann freundlich auf mich zukam. Er sprach mich auf Französisch an, und ich antworte ihm, indem ich mit „Händen und Füßen" gestikulierte. Offenbar verstand er, was mein Problem war. Er lief in die Scheune und holte seinen schon etwas betagten Traktor hervor, um den Anhänger in seinem Hof zu wenden. Doch der kleine Traktor war zu schwach, um meinen voll beladenen Anhänger auch nur einen Zentimeter weit zu bewegen. Daraufhin holte er seinen Sohn oder Schwiegersohn, der mit einem größeren Traktor kam. Auch dieser Versuch scheiterte. Das Engagement der Männer war zwar groß, doch führte es leider nicht zum gewünschten Erfolg. Auch mit zwei Traktoren, die mit einer dicken Kette verbunden und vor den Anhänger gespannt wurden, rührte sich dieser nicht vom Fleck. Wir kamen zu dem Ergebnis, dass das Bremsventil des Anhängers nur zu öffnen war, wenn es vom Motorwagen aus Luft bekam, also konnte man den Anhänger nur zusammen mit dem Lkw bewegen.

Der ältere Bauersmann deutete auf den Wegesrand, wo ich parken und übernachten könne. Gesagt, getan.

In unserem aus Zeichensprache bestehenden Gespräch erklärte ich, wo ich eigentlich hinwollte. Inzwischen hatten sich weitere Familienmitglieder auf dem Hof eingefunden, von denen ich annahm, dass es sich um die Tochter oder Schwiegertochter und das Enkelkind handelte. Die Familie bat mich freundlich in ihr Haus. Ich war zwiegespalten. Einerseits freute ich mich über die nette Geste, andererseits wollte ich auf keinen Fall Umstände bereiten, zumal die Familie sich bereits aufopfernd um mein Problem mit dem Anhänger gekümmert hatte. Außerdem war es mittlerweile sehr spät, sodass ich drauf und dran war, mich in meinen Lkw zurückzuziehen.

Da nahm mich das kleine Mädchen – es mag vielleicht fünf Jahre alt gewesen sein – an die Hand und führte mich über die schon etwas ausgetretenen Sandsteinstufen in das alte Bauernhaus. In der einfach eingerichteten Küche wurde mir ein Platz angeboten. Der Boden war mit weiß-blauen Mosaiksteinen gefliest; zwischen weiß getünchten Wänden stand ein langer, grob gehobelter Holztisch, an dem ich Platz nehmen durfte. Gegenüber stand ein alter Holzküchenschrank und links ein großer Kohleherd, über dem die Arbeitskleidung der Männer zum Trocknen hing. Trotz all dieser Bescheidenheit strahlte der Raum etwas Heimeliges aus.

Die Großmutter, die gut beleibt und mit einer Kittelschürze bekleidet war, die Haare zu einem Dutt zusammengebunden und die dritten Zähne bereits zur Seite gelegt hatte, machte sich am Herd zu schaffen und brutzelte ein paar Eier in der Pfanne. Dann holte sie einen großen Laib Brot aus dem Schrank, hielt ihn sich vor den Bauch und säbelte mit einem großen Messer ein dickes Stück für mich ab. Ich sehe die alte Frau vor mir, als wäre es gestern gewesen. Sie reichte mir die Rühreier, gab mir das dick mit Butter bestrichene Brot und erklärte, dass sie das für mich zubereitet habe und ich doch essen solle. Die ganze Familie – Großvater, Großmutter, Sohn oder Schwiegersohn, Tochter oder Schwiegertochter – stand um den Tisch und sah zu, wie es mir schmeckte. Das Kind saß auf meinem Schoß und schmiegte sich an mich. Ich erwiderte ihre Zeichen der Zuneigung mit einem warmen „Mon chérie". Sehr viel mehr gab mein französischer Wortschatz leider nicht her. Glücklich und gerührt bedankte ich mich mit einem „Grand merci!" für die liebevolle Aufnahme und die Gastfreundschaft, die diese Menschen bewiesen haben.

Die Wärme, die sie mir entgegenbrachten, werde ich nie vergessen. Sie sahen zufrieden zu, wie ich es mir schmecken ließ. Als ich ihnen dafür etwas geben wollte, lehnten sie dies entschieden ab. Die Bescheidenheit und zugleich Großzügigkeit, mit der diese einfach lebenden Menschen das, was sie hatten, mit mir teilten, beeindruckten mich sehr. Für mich waren sie von Gott gesandte Engel. In ihnen und durch sie sah ich, wie Christus für mich sorgt. Manchmal nicht auf die Weise, wie ich mir das vorstelle, aber in jedem Fall gut, vielleicht sogar besser. Denn die Wärme und Liebe, die mir hier entgegengebracht wurden, waren das Beste, was mir passieren konnte. Wer wie ich tage- und nächtelang bei Kälte, Nässe und Nebel allein im Lkw auf der Straße unterwegs ist, der weiß, wovon ich spreche. Ich genoss es, in einem Meer aus menschlicher Wärme zu baden.

Ich verabschiedete mich mit einem dankbaren Herzen und zog mich zum Schlafen in meinen Lkw zurück. Am nächsten Morgen wollte ich unbemerkt starten, ließ den Motor an, der dieselgemäß nicht leise war, und wollte losfahren. Da sah ich auch schon den netten Opa um die Ecke blinzeln. Er deutete mir freundlich an, ich solle doch ins Haus kommen. Seine nette Einladung konnte ich nicht ausschlagen, also folgte ich ihm. In der Küche wartete die Oma auf mich, die mich mit einem freudigen und herzlichen Lächeln begrüßte. Auch ohne dritte Zähne war das Lächeln so herzlich, dass ich sagen musste, selten einen Menschen gesehen zu haben, der so eine liebevolle Ausstrahlung hatte wie sie. Auf dem Tisch standen eine große Tasse Kaffee und ein dick geschmiertes Bauernbrot, das offenbar schon auf mich wartete. Freundlich wurde ich gebeten, Platz zu nehmen und mir das Frühstück schmecken zu lassen. Ehrlich, ich glaube, ich habe noch nie in meinem Leben so ein gutes Frühstück zu mir genommen, auch wenn es ganz schlicht und einfach war. Die wenigen Worte, die ich sagen konnte, waren: „Grand merci", die immer wieder aus meinem Mund und aus meinem Herzen kamen.

Nach dem Frühstück verabschiedete ich mich, stieg in den Lkw, winkte ihnen noch einmal zu und legte den Rückwärtsgang ein, um im Schritttempo zurück auf die Hauptstraße zu rangieren. Die schmale

Straße, auf der ich gekommen war, entpuppte sich bei Tageslicht als ein geteerter Feldweg. Das Rückwärtsrangieren war für mich – ohne mich dessen rühmen zu wollen – kein Problem; es konnte allerdings zu einem Problem für denjenigen werden, der es eilig hatte und vorbeifahren wollte.

So sah ich, dass der Sohn mit seinem Pkw direkt hinter mir fuhr und offenbar nicht an mir vorbeikam. „Er muss bestimmt zur Arbeit", dachte ich. Nicht nur, dass ich den Leuten schon reichlich Mühe bereitet hatte, jetzt hielt ich den jungen Mann auch noch auf, sodass er sicherlich zu spät zur Arbeit kommt. Kurz vor der Hauptstraße befand sich eine kleine Ausbuchtung, über die er gut hätte ausweichen können. Doch statt die Gelegenheit zu nutzen, an mir vorbeizufahren, parkte er dort. Ich sah, wie er zu Fuß auf die Hauptstraße lief, um dort den Verkehr anzuhalten, damit ich ohne Probleme auf die dicht befahrene Straße zurückrangieren konnte. Ich war gerührt und winkte ihm noch lange nach, bis ich ihn schließlich aus den Augen verlor.

Das, was ich bei der Familie erlebte, waren nicht nur Zeichen der Mitmenschlichkeit und der uneigennützigen Hilfe, es war Nächstenliebe ohne viele Worte und Aufhebens. In ihrer Nähe habe ich mich einfach wohl und geborgen gefühlt. Menschen, die Gott mir in den Weg und zur Seite gestellt hat – dafür bin ich unendlich dankbar.

Ich habe mir vor meiner Abfahrt die Adresse der lieben Menschen geben lassen und ihnen zu Weihnachten ein Paket geschickt: für die Oma eine gehäkelte Stola, für die Familie einen großen Christstollen und für das kleine Mädchen eine Kinderbibel auf Französisch, dazu ein paar Zeilen, die Monique, meine französische Freundin, formulierte. Das Zusammenstellen des Pakets bereitete mir viel Freude in der Hoffnung, dass auch die besagte Familie ihre Freude daran haben würde.

Nahverkehr und innerdeutscher Fernverkehr

Dem Nahverkehr konnte ich nie etwas abgewinnen. Ich liebte es, in die Ferne zu fahren und somit weite Strecken zurückzulegen. Innerdeutsch zu fahren bedeutete mitunter, täglich mehrere Lade- und Abladestellen anfahren zu müssen. Bei Auslandsfahrten war es meistens üblich, mit einer Komplettladung loszufahren und eine Komplettladung für die Rücktour zu erhalten. Das bedeutete für mich weniger körperlich harte, schweißtreibende Arbeit. Bei jeder Firma muss der Fahrer zunächst einmal das Wareneingangsbüro aufsuchen und dann mit den entsprechenden Papieren zum Lagermeister gehen bzw. diesen im Lager suchen. Dann geht es ans Be- und Entladen, das heißt: Bordwände am Lkw öffnen, Rungen – die öfter mal verhaken –, zur Seite schieben, Seitenbretter herausnehmen und gegebenenfalls 34 bzw. 36 Paletten selbst be- oder entladen. Bei Kranverladung kam das Abplanen noch dazu. Das war körperliche Schwerstarbeit. Je nach Jahreszeit und Witterung war ich entweder klatschnass vom Regen oder durchgeschwitzt, weil die Sonne vom Himmel brannte.

An einem Tag musste ich dreimal komplett umbrücken, also sechs Brücken ab- und sechs Brücken aufbrücken und die aus Eisen bestehenden Stützfüße – 48 an der Zahl – herausziehen bzw. hineinschieben. Beim Umbrücken war nicht das Rangieren unter die Brücken das Problem, sondern die Tatsache, dass die schweren, meist angerosteten und nicht ausreichend oder gar nicht gefetteten Stützfüße beim Herunterlassen oder Hochhieven in der Regel klemmten. Aus diesem Grund hatte ich immer einen Hammer dabei, der mir hilfreiche Dienste erwies.

Bis abends war ich ganz schön „platt“. Eine „Selbstmitleidsparty“ wollte ich nicht feiern, also habe ich mir in solchen Situationen immer wieder gesagt: „Du willst Lkw fahren, dann musst du auch arbeiten wie ein Lkw-Fahrer. Punkt!“ In welchem Beruf und bei welchem Arbeitgeber kann man sich schon die Aufgaben aussuchen, die einem nur Spaß machen. Gott sei Dank war das Umbrücken in dieser Menge nicht die Regel.

Einige Zeit später stellte unser Firmenchef seinen Fuhrbetrieb vermehrt auf innerdeutschen Fernverkehr um. Innerdeutsch wollte ich auf Dauer nicht fahren. Bereits kurz nach dem Mauerfall und der Grenzöffnung zeichnete sich ab, dass sich die deutschen Autobahnen durch den zunehmenden Warenaustausch und Warenverkehr zum „größten Parkplatz" Europas entwickeln würden. Ich wollte nicht im Stau stehen, sondern fahren!

Wechsel zu einer anderen Spedition

23.09.1992: Nach drei Jahren entschloss ich mich, den Arbeitgeber zu wechseln. Mein Wunsch, international zu fahren, war ungebrochen. Als sich abzeichnete, dass dies in der Spedition, bei der ich arbeitete, nicht mehr möglich sein würde, suchte ich mir einen neuen Arbeitgeber. Mein Chef bedauerte meine Entscheidung, hatte aber auch Verständnis, dass ich aufgrund der geänderten Rahmenbedingungen, die keine Auslandsfahrten mehr zuließen, die Firma verließ. Er verabschiedete mich mit den Worten: „Was Sie sich vornehmen, das erreichen Sie." Und so war es auch.

Ich wechselte zu einer großen italienischen Spedition namens „Arcese", die international unterwegs ist und mir von Kollegen empfohlen wurde. So trat ich am Montagmorgen, dem 28.09.1992, meine neue Stelle in Gütersloh an, bei der deutschen Niederlassung von Arcese. Meine mir zugewiesene Sattelzugmaschine der Marke Iveco 360 (360 PS) war mit einer Kilometerleistung von nur 10 000 km nahezu neu.

Meine erste Fahrt führte mich zu den Ford-Werken nach Köln, bei denen ich Autoersatzteile zu laden hatte. Die Fracht sollte in das italienische Zentrallager von Ford nach Pomezia in der Nähe von Rom gefahren werden. Die Tour verlief unspektakulär. Am Freitagnachmittag war ich pünktlich zum Wochenende wieder zu Hause in Mannheim.

Eine neue Aufgabe

Meistens fuhr ich Linie, das heißt innerhalb einer Woche einen Rundlauf von Köln über die Schweiz nach Rom und mit Leergut wieder zurück nach Deutschland. Es lief so weit alles gut. Am Wochenende war ich meistens in Mannheim, den Lkw konnte ich gut im nahe gelegenen Gewerbegebiet abstellen. Sonntagabend ging es dann wieder zu den Ford-Werken nach Köln. Meinen Chef sah ich nur alle paar Monate; die Transportpapiere, die er für die Abrechnung benötigte, schickte ich ihm am Ende der Woche per Post. Wenn der Lkw zur Inspektion musste, erledigte ich das vor Ort in Mannheim, ebenso wie das Waschen des Lkws. Die Arbeit selbst war angenehm, und die Bedingungen kamen mir sehr entgegen, sodass ich mit meiner neuen Tätigkeit sehr zufrieden war.

Diebstähle

Italien, ein Land der Diebstähle? Auf meinen früheren Fahrten durch Italien ist mir nie etwas gestohlen worden. Erst seitdem ich einen Iveco als „Dienstfahrzeug" hatte, wurde ich mit Diebstählen konfrontiert. Dies lag wohl zum einen daran, dass ich vorher einen Lkw der Marke DAF, die in Italien nur ganz selten anzutreffen war, fuhr. Beim Iveco handelt es sich um eine italienische Marke (Iveco gehört zum Fiat-Konzern); das ist die Standardmarke eines jeden italienischen Transportunternehmens. Zum anderen sah man dem Lkw an, dass er neu war und sich somit für Diebe offensichtlich als besonders attraktiv hervortat.

In der Nähe von Pomezia wurde mir nachts, während ich schlief, das Ersatzrad gestohlen. Als ich zum Hörer griff, um meinem Chef den Diebstahl zu melden, war ich ziemlich aufgelöst. Mir war klar, dass zur Sicherung des neuen Ersatzrades eine dicke Kette und ein Vorhängeschloss notwendig waren. Denn so etwas wollte ich nicht noch einmal erleben.

Einige Wochen später hielt ich auf einem italienischen Rasthof, um zu duschen. Als ich nach dem Duschen zum Lkw zurückkam, musste ich zu meinem Entsetzen feststellen, dass trotz dicker Kette und dem vermeintlich sicheren Schloss das Ersatzrad an meinem Lkw erneut gestohlen wurde. Daraufhin beschloss ich und überzeugte meinen Chef davon, kein Ersatzrad mehr mitzunehmen.

Ein andermal übernachtete ich auf einem Parkplatz an der Autobahn. Am nächsten Morgen wollte ich zum nächsten Rasthof fahren, um mich zu waschen und zu frühstücken. Ich schlüpfte kurz vor 6 Uhr aus dem Bett und stieg auf den Fahrersitz. Als ich den Diesel anließ, dachte ich: „Der brummt aber komisch!" Ich stieg aus, überprüfte den Lkw und entdeckte, dass der Luftfilter des Turboladers nicht mehr vorhanden war. Der Luftfilter beim Iveco ist gut zugänglich, da er außen angebracht und das Gehäuse mittels Schnappverschlüssen – wie bei manchen Bierflaschen oder früheren Milchkannen – am Lkw befestigt ist. Ich fuhr zum nächsten Rasthof, um zu telefonieren. Mein Chef wies mich an, zu unserer Niederlassung in der Nähe von Rom zu fahren und mir dort einen neuen Luftfilter geben zu lassen. Gesagt, getan.

Einige Monate später, als ich wieder einmal auf dem Weg nach Rom war, übernachtete ich auf einem Autobahn-Parkplatz kurz vor Rom. Frühmorgens so gegen 6 Uhr kroch ich hinter das Lenkrad, um noch einige Stunden zu fahren, dann zu duschen und schließlich frühstücken zu gehen. Nach wenigen Kilometern fing der Lkw plötzlich an zu ruckeln. „Oh weh", dachte ich, „was ist das?" Ich überprüfte auf meinem Cockpit alle Warnlampen, keine der Lampen leuchtete auf. Nur die Tanknadel zeigte auf Null! Aber das konnte doch gar nicht sein, denn tags zuvor hatte ich doch vollgetankt! Der Tank fasste sechshundert Liter Diesel. Es war unmöglich, dass der Tank leer war! Gott sei Dank erkannte ich das Dilemma direkt an der Einfahrt zu einer Raststätte. Geistesgegenwärtig riss ich das Lenkrad herum und konnte somit den Lkw noch auf den Rastplatz lenken. Bis zur Zapfsäule reichte es nicht mehr.

Aber immerhin stand ich nicht irgendwo auf der Autobahn; die Frage, die ich mir dann gestellt hätte, wäre, wie ich an Diesel gekommen wäre. Ich wollte weder unendlich viele Kilometer zu Fuß zurücklegen, noch wäre ich in ein fremdes Auto gestiegen.

Zunächst einmal war zu klären, warum mein Lkw so plötzlich zum Stehen kam. Hierfür gab es nur zwei Möglichkeiten: Entweder handelte es sich um einen technischen Defekt, oder der Tank war tatsächlich leer – mit anderen Worten: Mir wurde in der Nacht der

Diesel gestohlen. Am Tankdeckel war nichts zu erkennen. Das mit dem technischen Defekt wollte ich zuerst prüfen. „Wie mache ich das?", war meine Frage. Ich schnappte mir meine Taschenlampe, die ich immer im Lkw mitführte, und legte mich unter den Lkw, um zu sehen, ob irgendeine Leitung undicht war. Ich sah eine Leitung frei nach unten hängen. Ob das die Entlüftung des Tanks war oder ein durchgeschnittener Schlauch? Um das festzustellen, kroch ich unter einen der vielen anderen Ivecos, die dort auf dem Rastplatz parkten. Ich sah, dass dort ebenfalls ein Schlauch herunterhing. Also musste das wohl seine Richtigkeit haben. Ich schloss daraus, dass mir offensichtlich der Diesel gestohlen wurde.

Ich lief zum Tankwart und habe ihm mit ein wenig Italienisch und gestikulierend mein Problem erklärt. Er füllte mir einen Plastikeimer mit Diesel, den ich wenig später in den Tank kippte. Um den Motor zu entlüften, musste ich beim Iveco zum Glück nicht das Fahrerhaus nach vorne kippen, wie es bei anderen Lkws üblich ist; die Entlüftung konnte von außen vorgenommen werden. Bei den vielen Utensilien, die ich dabei hatte, hätte das entweder ein ziemliches Gepolter gegeben, oder das Ausräumen wäre mit viel Mühe verbunden gewesen und hätte Zeit gekostet! Ich ließ den Motor an und fuhr bis zur Zapfsäule. Der Tank wurde neu befüllt, sodass ich endlich weiterfahren konnte.

Erlebnis mit der italienischen Polizei – mein Freund und Helfer?

In unserer Niederlassung in Rom wechselte ich den Auflieger und fuhr wieder Richtung Norden. Auf dem Autobahnzubringer fuhr vor mir mit extrem langsamem Tempo die Polizei. Ich fragte mich, warum die so langsam fahren. Trödeleien konnte und wollte ich mir als Berufskraftfahrerin nicht leisten; ich überholte und dachte mir nichts Schlimmes dabei. Wenige Hundert Meter weiter auf der Autobahn wurde ich von den Beamten rechts heraus auf die Standspur gewinkt. Ich fragte mich, was die Polizei von mir will. Bevor ich ausstieg, betete ich im

Stillen zu Jesus und bat ihn um Beistand. Ich ging auf die Beamten zu, die meinen Lkw bereits von außen inspizierten. Sie bemängelten, dass hinten am Auflieger kein Schild mit der Geschwindigkeitsbegrenzung von 80 km/h angebracht war. Auf solche Nebensächlichkeiten achtete ich im Alltag nicht. Bei der Übernahme anderer Auflieger ist mir vor allem wichtig, das Profil der Reifen, die Funktionstüchtigkeit der Blinker, der Bremslichter und der Rücklichter sowie der Bremsen zu prüfen, aber doch nicht, ob sich hinten am Auflieger ein Aufkleber befindet, der Auskunft über die Geschwindigkeit, mit der ich fahren durfte, gibt. Das war für mich nachrangig. Weiter bemängelten sie, dass ich auf dem Autobahnzubringer 80 km/h gefahren bin, obgleich nur 60 km/h erlaubt waren. Das Verkehrsschild hatte ich tatsächlich übersehen.

Ich war bereit, die Strafe zu bezahlen, und signalisierte den Polizisten, mir ein entsprechendes Papier auszustellen. Einer der beiden Polizisten griff zum Stift und tat, als würde er etwas schreiben wollen. Wenn er mir einen Strafzettel ausstellen würde, hätte ich 800 000 Lire (umgerechnet etwa 800 DM) Strafe zu zahlen. Er zog einen Block aus der Tasche, mit dem er andeuten wollte, dass er mir jeden Moment einen Strafzettel ausstellen könnte. Währenddessen presste sich der zweite Polizist meine Tachoscheibe, meinen Führerschein und die Fahrzeugpapiere fest an seine Brust, als wollte er damit sagen, dass er den Lkw jederzeit beschlagnahmen und mich ins Gefängnis stecken könnte.

Da ich nicht so viel Bargeld bei mir hatte, um die Strafe zu bezahlen, bot ich ihnen meine Scheckkarte an, die ich auf der nächsten Raststätte hätte einlösen können. Daran hatten sie allerdings kein Interesse. Ich war mit meinem Latein am Ende. Mir war auf einmal klar, dass sie Schmiergeld von mir wollten! Diese Art der „Bezahlung" kam für mich jedoch nicht infrage. Eher würde ich in eines der italienischen Gefängnisse gehen, die sicherlich nicht die komfortabelsten sind, als den Polizisten diesen Wunsch zu erfüllen. Da am Straßenrand keine Lire wachsen, mussten sich die Beamten etwas einfallen lassen. Auf einmal gaben sie mir wortlos sämtliche Papiere zurück, und ich konnte ungehindert und ohne eine Lira zu bezahlen, meine Fahrt fortsetzen. Gott sei gedankt, der Gebet erhört!

Es kommt auf den Blickwinkel an

Im Industriegebiet stellte ich meinen Lkw in einem seitlich am Straßenrand befindlichen Parkstreifen hinter einem anderen Lastwagen ab und freute mich auf meine wohlverdiente Pause. Doch auf einmal fuhr der vor mir geparkte Lkw rückwärts immer weiter auf mich zu. Ich hupte, um dem Fahrer zu signalisieren, dass da einer hinter ihm stand. Es half alles nichts. Der Fahrer reagierte nicht und rangierte seinen Lkw immer weiter auf mich zu. Zum Wegfahren war es zu spät. Meine Gedanken waren: „Was ist bloß mit dem Fahrer los?" Ich sprang aus dem Lkw, um mich zu retten und den Fahrer zur Rede zu stellen, was das sollte.

Als ich aus meinem Lkw herausgesprungen war, staunte ich nicht schlecht, denn was sah ich? Keinen Lkw-Fahrer, sondern einen einsam abgestellten Anhänger, der sich offensichtlich selbstständig auf meinen Lkw zubewegte. Nur wenige Zentimeter vor meinem Lkw kam der Anhänger zum Stehen, aber auch nur, weil sich das hintere Rad am Randstein verkantet hatte. Gott sei Dank, das war noch einmal gut gegangen!

Eine Hommage an meine Kollegen

Von meinen Freunden und Bekannten wurde ich öfters gefragt, ob ich als Frau in diesem Männerberuf nicht „blöd" angemacht werde oder es schwer hätte, mich zu behaupten. Ich halte das für reines Klischeedenken. Tatsächlich begegneten mir meine Kollegen stets mit Achtung und großem Respekt. Sie öffneten mir die Tür, wenn ich ins Büro kam, ließen mir beim Telefonieren den Vortritt und luden mich zum Kaffee ein, den ich unter keinen Umständen selbst bezahlen durfte.

Das Gleiche galt auf dem Zollhof, auf dem Hunderte von Lkw-Fahrer stundenlang auf ihre Papiere warten mussten, bis die Zollformalitäten erledigt waren. Sofern man als Frau nicht aufgedonnert mit dick rot geschminkten Lippen, engem T-Shirt und Minirock über den Zollhof lief, sondern – so wie ich – leger und angemessen angezogen ist, wird man auch nicht abfallend oder anmachend, sondern respektvoll und zuvorkommend behandelt.

Ich erinnere mich an eine Situation vor Weihnachten, als ein wildfremder Kollege mir während der Zollabfertigung einen kleinen Plüsch-Nikolaus hinten an den Auflieger hängte. Über Funk kontaktierte er mich und forderte mich verschmitzt auf, doch mal hinten am Auflieger zu schauen, da sei etwas. Ich befürchtete schon, dass etwas nicht in Ordnung sei. Als ich den Nikolaus sah, habe ich mich riesig gefreut; den habe ich heute noch.

Durch das tägliche Fahren von Hunderten von Kilometern waren die Scheiben im Winter oftmals mit Spritzwasser – einer Mischung aus Schneematsch und Salz – verdreckt. An manchen Tagen war es so extrem, dass man mit dem Putzen kaum nachkam. Ich konnte dann nur noch in dem Bereich, in dem die Scheibenwischer aktiv waren, klar sehen. Eines Tages – ich legte eine Fahrpause ein – blickte ich hinter dem Steuer sitzend plötzlich in das Gesicht eines Mannes, das vor mir an der Frontscheibe auftauchte. Ich erschrak, bis ich sah, was er tat: Mit einem Eimer Wasser und Schwamm fing er an, mir die Scheiben zu putzen. Das war wirklich nett! Eine schöne Überraschung!

Als mich auf der Fahrt nach Bordeaux ein riesiges Hungergefühl überkam, freute ich mich, als ich von Ferne einen Imbisswagen erblickte und davor ausreichend Platz zum Parken war. Vor meinem inneren Auge sah ich schon das frisch belegte französische Camembert-Baguette. Allerdings hatte ich noch keine Francs gewechselt, und DM wurden von dem Verkäufer leider nicht akzeptiert. Mir lief das Wasser im Mund zusammen beim Anblick der hübsch dekorierten Theke. Alle Überredungskünste waren vergeblich, ohne Francs gab es kein Baguette. Mit einem Seufzer verabschiedete ich mich von den Leckereien und arrangierte mich mit dem Gedanken, einen halben Tag

Diät machen zu müssen. Enttäuscht trottete ich zurück zu meinem Lkw. Ein französischer Kollege, der ebenfalls dort Rast machte und mich beobachtete, sah wohl mein enttäuschtes Gesicht und drückte mir dreißig Francs in die Hand. Ich sollte mir dafür etwas zu Essen kaufen. Ich wollte das Geld erst nicht annehmen, aber er bestand darauf. Ich war gerührt von seiner Anteilnahme und der Großzügigkeit, mit der er mich bedachte. Mein Hunger war fürs Erste gestillt.

Ein andermal hielt ich auf der Standspur, um auf der Karte nachzusehen, wie ich weiterfahren musste. Da überholte mich ein Lkw. Der Fahrer hielt vor mir ebenfalls an und fragte, ob er helfen könne, was ich verneinte. Wir fuhren noch eine gute Strecke gemeinsam und konnten uns über Funk unterhalten. Er erzählte mir, dass seine dreijährige Tochter morgen Geburtstag habe und von ihm ein Pony geschenkt bekäme. Er wolle deswegen heute noch nach Hause – nach Holland. Ich war gerührt, dass er trotzdem anhielt und mir seine Hilfe anbot. Ich bedankte mich und überreichte ihm als Dank das Buch „Jesus, unser Schicksal".

Ziemlich düster sah es im wahrsten Sinne des Wortes aus, als ich spätabends auf der Autobahn in Frankreich unterwegs war und plötzlich hinter mir einen lauten Knall hörte. Ich fuhr auf die Standspur und inspizierte mit meiner Taschenlampe den Lkw, insbesondere die Reifen. Tatsächlich, mein Verdacht bestätigte sich. Am Drei-Achs-Anhänger war der hintere Zwillingsreifen geplatzt und hing nur noch in Fetzen auf der Felge. „Hier kann ich nicht stehen bleiben", dachte ich und fuhr im Schritttempo mit Warnblinkanlage zum nächsten Rastplatz, um zu telefonieren. Während der Fahrt funkte mich ein Kollege an, der mich gerade überholt hatte. Er fragte mich, was denn passiert sei.

Ich erklärte ihm, dass ich einen Reifenplatzer hatte. Er bot mir an, den Reifen auf dem nächsten Rastplatz zu wechseln. Dort richtete er seinen Lkw so aus, dass die Scheinwerfer seines Lkws den defekten Reifen anstrahlten. So konnten wir etwas sehen. Er wechselte den Reifen, machte sich von oben bis unten schmutzig, während ich lediglich mit einem sorgenvollen Gesicht danebenstand und ihm das

Werkzeug reichte. Nachdem der Reifen gewechselt war, bestand ich darauf, ihn zum Essen einzuladen, was er zunächst nicht annehmen wollte. Nachdem ich ihn überzeugt hatte, dass das Essen ganz bestimmt mein Chef zahlen würde – denn der Lkw-Notdienst wäre viel teurer gewesen –, gingen wir etwas essen und fuhren dann weiter bis hinter Paris.

Wann immer ich Hilfe brauchte, war Hilfe da – meistens von Kollegen, die ich vorher noch nie gesehen hatte und auch hinterher nie mehr sah. Von Gott gesandte Engel! Sie standen mir mit Rat und Tat zur Seite und machten sich dabei oftmals für mich schmutzig, indem sie mir den Reifen wechselten oder sonst „Erste Hilfe" beim Lkw leisteten. Die Kollegen opferten ganz selbstverständlich und uneigennützig wertvolle Zeit für mich. Das rechne ich ihnen hoch an. Ich könnte noch etliche Beispiele der Hilfsbereitschaft meiner Kollegen aufzählen, das würde wohl den Rahmen dieses Buches sprengen. Für ihr kollegiales Verhalten gebührt ihnen alle Achtung und meine aufrichtige Wertschätzung! Ich habe meine Kollegen als feine Menschen kennen- und schätzen gelernt!

Fazit

Die vielen schönen und für mich unvergesslichen Erlebnisse sollen nicht darüber hinwegtäuschen, dass es sich hier um Momentaufnahmen handelt. Zwischen 1989 und 1994 legte ich wöchentlich etwa zwischen 3000 km – und wenn alles gut lief – auch schon mal 4000 km und mehr zurück. Obgleich ich meinen Beruf sehr gerne ausübte und dadurch hin und wieder über das Limit hinausging, spürte ich, wie ich manchmal an die Grenzen meiner Kraft kam. Ein Passant meinte mal: „Ihr Fernfahrer habt doch das schönste Leben. Ihr sitzt den ganzen Tag vor dem Bett auf dem Schaukelstuhl und schaut aus dem Fenster hinaus." Darüber musste ich herzhaft lachen. So sieht der Alltag eines Fernfahrers sicher nicht aus! Zur Wahrheit gehört auch, dass man täglich Hunderte von Kilometern, Stunde um Stunde bei Nebel,

Nässe und Glatteis – nicht nur tagsüber, auch nachts – zurücklegt bei Schichtzeiten von dreizehn bis fünfzehn Stunden und manchmal darüber. Hinzu kommt der Faktor Zeit: möglichst zügig am Zielort anzukommen. Ebenso hin und wieder Ärger mit dem Zoll, außerdem technische Probleme und anderweitige Überraschungen.

Rückblickend kann ich aber sagen, dass die Freude am Fahren die negativen Erlebnisse bei Weitem überwog. Was bleibt, sind die wunderbaren Erinnerungen!

5

DAS TRAURIGE ENDE

Am 23.12.1993 verstarb mein Vater nach langer, schwerer Krankheit, und wenige Tage später, am 02.01.1994, meine Mutter, völlig unerwartet – wahrscheinlich das Herz. Trotz der Traurigkeit und des menschlichen Verlusts bin ich mir durch den Glauben an Christus sicher, dass es kein Abschied für immer ist und ich meine Eltern – sie glaubten ebenfalls an den Gott der Bibel – im Himmel wiedersehen werde. Wie geschrieben steht: „Jesus spricht zu ihr: Ich bin die Auferstehung und das Leben. Wer an mich glaubt, wird leben, auch wenn er stirbt; und wer da lebt und glaubt an mich, der wird nimmermehr sterben" (Johannes 11,25; SLT). Dieser Zuspruch ist für mich Trost und Hoffnung!

Zunächst klammerte ich mich an meinen Beruf. Ich wollte weiterhin als Fernfahrerin unterwegs sein. Wenige Tage nach der Beerdigung meines Vaters und meiner Mutter wollte ich wieder in den Lkw steigen und fahren. Gisela, die bereits erwähnte gute Freundin, begleitete mich in diesen Tagen. Sie machte sich überhaupt nichts aus Lkws, doch an dem Tag wollte sie unbedingt als Beifahrerin mitfahren. Ich lehnte ab und wies ihren Wunsch kategorisch zurück. Warum, das wusste ich selbst nicht so genau. Nach nächtelanger Diskussion überzeugte sie mich, wenigstens zwei Wochen zu Hause zu bleiben.

Da ich nach dem Tod meiner Eltern Verpflichtungen hinsichtlich des elterlichen Hauses übernommen habe, die Zeit in Anspruch nehmen, wurde mir klar, dass ich wöchentlich keine fünf bis sechs Tage mehr im Fernverkehr unterwegs sein konnte. Nach zwei Wochen Auszeit war ich überzeugt, wieder fahren zu können. Ich sprach mit meinem Chef und bat ihn, meine wöchentliche Arbeitszeit um einen Tag zu reduzieren. Nach kurzer Überlegung willigte er ein, und so fuhr ich meine erste Tour wieder von Köln nach Rom und zurück.

Donnerstagnachmittags in Höhe von Mannheim freute ich mich schon auf den Feierabend, da bekam ich noch Order, nach Hamburg zu fahren. Irgendwie hatte ich nicht mehr den Pep, die Kraft und den Elan, wie das früher der Fall war. Dennoch fuhr ich wehmütig und enttäuscht an Mannheim vorbei in Richtung Norden. Auf der Rückfahrt stellte ich fest, dass ich auf der Autobahn sehr langsam fuhr, zum Teil mit einer Geschwindigkeit von nur 70 km/h. Die Fahrt kostete mich viel Kraft und Konzentration. Ich konnte einfach nicht mehr schneller fahren, ganz anders als früher, als ich stets zügig unterwegs war. Die Hinweisschilder sah ich stellenweise verschwommen. Die Polizei winkte mich heraus und meinte, dass ich sehr nahe am Standstreifen entlang fahren würde. Die Beamten überprüften meine Tachoscheibe und wunderten sich, dass ich mit so niedriger Geschwindigkeit auf der Autobahn fuhr. Sie fragten mich, ob alles in Ordnung sei, was ich bejahte. Auf dem nächsten Rastplatz, es war bei Dortmund, machte ich Halt. Beim Aussteigen merkte ich, dass ich Gleichgewichtsprobleme hatte mit einhergehendem Schwindel. Nach einer Pause meinte ich, wieder fit zu sein. Ich ließ den Diesel an und wollte wieder losfahren. Doch ich stellte fest, dass ich so ziemlich alles machen konnte, nur nicht mehr fahren. In dem Moment, als ich den Diesel anließ und durch die Frontscheibe meinen Blick in Richtung Autobahn lenkte, ging nichts mehr.

Verzweifelt und unter Tränen rief ich meine Freundin Gisela an und erklärte ihr, wie es mir ging. Sie fragte mich eindringlich, was denn noch passieren müsse, damit ich erkenne, dass ich nicht mehr fahren kann. „Muss es erst so weit kommen, dass du mit dem Lkw im Straßengraben liegst und andere Verkehrsteilnehmer gefährdest?" Da ich unterwegs schon viele Unfälle gesehen hatte, war mir klar, dass sich ein Lkw in dieser Größe unkontrolliert schnell in eine Bombe verwandeln kann.

Schweren Herzens entschloss ich mich, den Lkw auf dem Rastplatz stehen zu lassen. Ich rief meinen Chef an und teilte ihm noch ganz aufgelöst mit, dass ich nicht mehr fahren könne. Ich bat ihn, einen Ersatzfahrer zu schicken, der den Lkw übernimmt. Ich war sehr froh und erleichtert, dass mein Chef Verständnis zeigte und sich fürsorglich erkundigte, wie ich nach Hause käme. Die Frage hatte ich für mich glücklicherweise bereits beantwortet: Dieter, ein guter Freund aus Mannheim, hatte sich bereit erklärt, mich abzuholen. Wenige Stunden nachdem ich ihn angerufen hatte, war er da. Wir luden meine persönlichen Sachen um wie eine Kiste mit Straßenkarten, Stadtplänen, Bettzeug, Musikkassetten, Kleidung, Waschzeug, eben allem, was man so unterwegs brauchte in seinen Kombi, der bis unters Dach vollgeladen war. Unglaublich, wie viel in ein Lkw-Fahrerhaus passt!

In den darauffolgenden Wochen war ich erst einmal platt. Mir wurde bewusst, dass ich den Verlust meiner Eltern nicht einfach so wegstecken konnte. Ich war nicht depressiv, aber entsetzlich kraftlos und erschöpft. Schon allein das Blumengießen fiel mir schwer. Mir wurde klar, dass fortan neue Aufgaben auf mich warteten, die ich nicht einfach so nebenbei erledigen konnte und die sich nicht mit dem Fernverkehr vereinbaren ließen. Schweren Herzens nahm ich Abschied von diesem meinem so geliebten Beruf.

Ich benötigte rund drei Monate, um wieder zu Kräften zu kommen und mir Klarheit zu verschaffen, wie es weitergehen soll. In dieser Zeit erfuhr mein früherer Arbeitgeber – die Rechtsanwaltskanzlei –, dass ich nicht mehr im Fernverkehr tätig war und bot mir an, wieder bei ihnen arbeiten zu können. So nahm ich das Angebot an und kehrte in meinen früheren Beruf als Rechtsanwaltsfachangestellte zurück und auch in ein mir vertrautes Arbeitsumfeld. Auch hier durfte ich Gottes Fürsorge erfahren.

6

DER GOTT DER BIBEL – WARUM JESUS CHRISTUS MIR SO WICHTIG GEWORDEN IST

Ich wuchs in einem evangelischen Elternhaus auf, wurde getauft und ging zur Konfirmation. Allerdings ging es mir bei der Konfirmation hauptsächlich um die Geschenke. Später im jungen Erwachsenenalter nahm ich mein Leben mehr schlecht als recht selbst in die Hand und erlitt dann Schiffbruch. Ich hatte Schuld auf mich geladen und wusste nicht, wohin damit. Ich hätte das Geschehene gerne rückgängig gemacht, doch das ging nicht. Es gibt Schuld, wofür mich kein Gesetz und kein Richter hätte verurteilen können. Dabei hätte ich die Strafe gerne auf mich genommen. Freunde beschwichtigten mich, Fehler seien menschlich und gehörten zum Leben dazu. Schließlich machen alle Menschen Fehler. Für mich war das keine wirkliche Hilfe. Ich sah die Sonne nicht mehr scheinen und verlor zunehmend die Freude am Leben. So konnte und wollte ich nicht mehr weiterleben.

Ich suchte nach einem Ausweg. Alkohol und Drogen, das wusste ich, sind keine Lösung. Ich befasste mich mit fernöstlichen Weisheiten, die mir aber auch nicht weiterhelfen konnten. Für mich waren es lediglich kluge Sprüche – nicht mehr. Hilfesuchend wendete ich mich an Psychologen. Doch eine Frage, die mich im Innersten beschäftigte und belastete, konnten sie auch nicht beantworten – die Frage: Wohin mit der Schuld? Ich dachte ernsthaft darüber nach, meinem Leben ein Ende zu bereiten.

In dieser Zeit traf ich zufällig Karla, eine frühere Reiterkameradin, die ich längere Zeit nicht mehr gesehen hatte. Sie erzählte mir von ihrem Glauben an den Gott der Bibel. Ich hielt die Bibel damals für ein antiquiertes Buch, dessen Maßstäbe ich ohnehin nicht erfüllen konnte. Doch irgendwie war ich von Karlas offener und liebevoller Art angetan. Sie sprach mit Liebe und Begeisterung von Jesus Christus und lud mich, nachdem sie von meiner belastenden Situation gehört hatte, in einen Bibelgesprächskreis ein.

Ohne große Erwartungen sagte ich zu, einmal vorbeizuschauen. Obgleich ich fremd war, wurde ich sehr herzlich empfangen und in den Kreis aufgenommen. Bei Kaffee und Kuchen wurde über ein Thema aus der Bibel gesprochen. Begleitet von Gitarrenmusik sangen wir christliche Lieder. Die Texte handelten von der unermesslich großen Liebe Gottes, von Vergebung der Schuld und Sünde, von Hoffnung und einem Neuanfang. Texte, die meine Seele so sehr berührten, dass mir die Tränen über das Gesicht liefen.

Nachdem ich bereits einige Male teilgenommen hatte, fragte mich ein Teilnehmer, was denn mit mir sei – ich wirke so bedrückt. Ich erzählte, dass ich mit meinem Leben nicht mehr zurechtkam und keinen Ausweg mehr sah. Daraufhin fragte er: „Glaubst du an Jesus?", worauf ich antwortete: „Ja, irgendwie schon. Ich bin getauft, konfirmiert, im Religionsunterricht hatte ich die Note zwei, an Weihnachten und Ostern war traditionell Kirchgang angesagt. Ja, irgendwie glaube ich schon an Gott und an Jesus Christus." Mir wurde erklärt: „Jesus Christus lebt; er kennt dich und liebt dich. Er wünscht sich nichts mehr, als dass du dich mit deiner Schuld an ihn wendest und deine Last bei ihm abgibst. Wenn dir jemand helfen kann, dann ist es Jesus!"

Ich verstand nicht, wovon sie redeten. Es wirkte auf mich so abstrakt. Ich konnte damit nichts anfangen und gab zu bedenken: „Was heißt das: ‚Jesus lebt'? Er ist doch so weit weg, im Himmel, wie kann er mir da helfen?" Geduldig hörten sie mir zu und antworten: „Jesus ist zwar nicht sichtbar, aber er lebt und ist mitten unter uns. Wenn dir einer helfen kann, dann er!"

Bald schon ging ich regelmäßig in den Bibelkreis. Eines Abends kniete ich – ganz für mich allein – vor dem Bett nieder, faltete die Hände und betete unter Tränen zu Jesus Christus. Ich breitete meinen ganzen Lebensmüll, mein verkorkstes Leben und meine Schuld vor ihm aus. Irgendwann schlief ich vor Erschöpfung ein.

Am nächsten Tag, es war ein verregneter Novembertag 1987, fuhr ich zur Arbeit. Meine Schuldgefühle, die mich lange Zeit niedergedrückt hatten, waren mit einem Mal weg, einfach weg! Ich hätte vor Freude am liebsten die ganze Welt umarmt. Ich wusste, es war Jesus Christus, der mir die Schuld nahm. Er sprengte die Ketten, die mich in meiner Sünde gefangen hielten.

Damals habe ich erfahren und erfahre es noch heute, dass Gott nicht fern und abstrakt, sondern mir in Jesus Christus nah und erfahrbar ist. In Christus wendet Gott sich dem Menschen als Du, als personales Wesen zu, sodass ich nicht nur mit ihm reden, sondern auch eine persönliche Beziehung zu ihm haben kann. So wie ich einen Menschen, den ich kenne, mit Namen anspreche, so kann ich auch Gott in Jesus Christus anreden. Jesus spricht: „Kommt her zu mir, alle, die ihr mühselig und beladen seid; ich will euch erquicken" (Matthäus 11,28; LUT).

Seit diesem Ereignis lese ich regelmäßig in der Bibel – in ihr finde ich Orientierungshilfe für ein erfülltes Leben – und bete zu Gott, der immer erreichbar ist! Er hat meinem Leben eine neue Grundlage gegeben, er schenkt mir Freude im Alltag, gibt mir Hoffnung und schenkt mir tiefen inneren Frieden. Jesus macht mein Leben hell. Durch den Glauben an ihn habe ich ewiges Leben – ein Leben in der Nähe und Gegenwart Gottes heute und in Ewigkeit. In seiner großen Liebe zu uns Menschen hat Gott seinen Sohn für uns in den Tod gegeben und uns, die wir an ihn glauben, mit sich versöhnt. Das ist Gnade. In der Bibel wird dies mit den Worten beschrieben: „Denn also hat Gott die Welt geliebt, dass er seinen eingeborenen Sohn gab, auf dass alle, die an ihn glauben, nicht verloren werden, sondern das ewige Leben haben" (Johannes 3,16; LUT).

Mein Leben hat seitdem

- Qualität, nicht nur Quantität. Es ist ein erfülltes Leben trotz mancher unerfüllter Wünsche. Er sorgt für mich und lässt mich wertvoll sein. Manches in meinem Leben verstehe ich auch heute nicht, aber ich bin gewiss, dass Gott keine Fehler macht. Als sein geliebtes Kind bin ich mir sicher, dass er das Beste für mich im Sinn hat. Sein Wort schenkt mir Orientierung und Freiheit.

- Gott schenkt mir Freude und Hoffnung: Hoffnung erfahre ich auch da, wo es nach menschlichem Ermessen nichts mehr zu hoffen gibt. Dann ist Hoffnung so etwas wie die „Sauerstoffflasche", die mir in den Unsicherheiten und Ungewissheiten des Lebens hilft zu überleben. Dies ist auch der Grund für meinen Optimismus. Mein Glas ist immer halb voll und nie halb leer, das gilt auch für schwere Zeiten, weil ich gewiss bin, dass Jesus mir beisteht und mich durch Krisen hindurchträgt.
- Ich bin gewiss, dass Jesus Christus mich nicht verlässt, er ist treu! Mit seiner unendlichen Liebe und Fürsorge, mit seiner Güte und Geduld und seiner Barmherzigkeit umgibt und begleitet er mich Tag für Tag. Er schenkt Geborgenheit und Schutz.
- Wenn mein Leben hier auf Erden einmal zu Ende geht, geht es woanders weiter. In der Gewissheit, dass ich nicht verloren gehe, sondern im Himmel weiterleben werde, lebe ich mein Leben hier auf Erden fröhlich und zugleich in gespannter Vorfreude auf das, was kommen mag. Wie geschrieben steht: Jesus Christus spricht: „Ich bin die Auferstehung und das Leben. Wer an mich glaubt, der wird leben, ob er gleich stürbe. Und wer da lebt und glaubt an mich, der wird nimmermehr sterben" (Joh 11,25.26).

Die Erfahrung, die ich vor über 30 Jahren machen konnte und die mein Leben von Grund auf verändert hat, lässt sich zusammenfassend folgendermaßen beschreiben:

Mir ist Vergebung widerfahren. Durch Jesus Christus bot Gott mir die Vergebung meiner Schuld an, ohne dass ich dafür irgendetwas tun oder leisten musste, geschweige denn konnte. Sie ist ein Geschenk, das ich unverdient – allein aus Gnade – erfahren habe. Gott ist Liebe, und was er tut, das tut er aus Liebe. Keiner hat mich gezwungen, an Jesus Christus zu glauben und das Angebot seiner unvorstellbar großen

Liebe, das Gott mir in seinem Sohn Jesus Christus macht, anzunehmen. Damals habe ich „Ja" gesagt und sein Angebot angenommen. Ich bin unendlich froh und dankbar über dieses Geschenk, das er mir in Jesus Christus macht. Was für ein Reichtum für mich und mein Leben!

Falls Sie darüber hinaus mehr über den Glauben erfahren oder sich austauschen möchten, können Sie sich zum Beispiel gerne auch an eine der folgenden Adressen wenden:

Pro Christ: info@prochrist.de
Homepage: www.prochrist.org
FBG Mannheim: info@fbg-mannheim.de
Homepage: www.fbg-mannheim.de
Trucker-Church: info@trucker-church.org
Homepage: www.trucker-church.org

Gerne stehe ich auch für Lesungen, Vorträge, Interviews und Gesprächsrunden deutschlandweit und in deutschsprachigen Nachbarländern zur Verfügung.

Helga Blohm: info@helgablohm-lkw.de
Homepage: www.helgablohm-lkw.de

7

SCHLUSSWORT

Rückblickend waren es fünf sehr wertvolle Jahre, die ich in meinem Traumberuf als Fernfahrerin tätig sein konnte – Jahre, die ich als beglückend und bereichernd erlebte. Trotz mancher Widrigkeiten bereue ich es nicht, mich für diesen Beruf entschieden zu haben. Auch möchte ich keine Minute missen, die ich auf der Straße unterwegs war. Wie so oft sind es die schönen Erlebnisse, die in Erinnerung bleiben. Hierzu gehören vor allem die weiten Fahrten im großen Lkw durch halb Europa, die Schönheiten von Natur, Tier- und Pflanzenwelt und die zahlreichen Begegnungen mit Menschen, die mich um viele Erfahrungen reicher gemacht haben.

Ich danke Gott von ganzem Herzen für die Bewahrung, die ich auf all meinen Fahrten erfahren habe, und die Hilfe, die er mir durch Menschen hat zuteilwerden lassen: Menschen, die mir fremd waren und oftmals überraschend zur Seite standen. Gott ist treu! Er hat mich nicht *vor* allem, aber *in* allem bewahrt und hindurchgeführt.

Ich betete jeden Morgen, bevor ich losfuhr, um Schutz und Beistand und erfuhr, wo immer ich unterwegs war, tagein, tagaus, im Großen und im Kleinen Gottes Schutz und Bewahrung, seine Fürsorge und Geborgenheit. Für mich ist Jesus Christus ein lebendiger, erfahrbarer und liebender Gott. Durch ihn habe ich viel Freude, aber auch Hilfe und Trost erfahren. Ihm gebührt alle Ehre!

Psalm 23 (LUT) fasst das sehr schön in Worte, sodass ich ihn an das Ende meiner Erzählungen stellen möchte:

„Der Herr ist mein Hirte, mir wird nichts mangeln. Er weidet mich auf einer grünen Aue und führet mich zum frischen Wasser. Er erquicket meine Seele. Er führet mich auf rechter Straße um seines Namens willen. Und ob ich schon wanderte im finstern Tal, fürchte ich kein Unglück; denn du bist bei mir; dein Stecken und Stab trösten mich. Du bereitest vor mir einen Tisch im Angesicht meiner Feinde. Du salbest mein Haupt mit Öl und schenkest mir voll ein. Gutes und Barmherzigkeit werden mir folgen mein Leben lang, und ich werde bleiben im Hause des Herrn immerdar."

Ade ... den lieben Lesern und Leserinnen.

8

DANKSAGUNG

Am Ende gilt es für mich als Autorin, all den lieben Menschen zu danken, die zum Zustandekommen dieses Buches beigetragen haben.

Frau Lutz von der Abendakademie Mannheim, Leiterin des Kurses „Autobiografisches Schreiben", half mir durch ihre Kompetenz und mit ihren Anregungen und Korrekturen, einen lebendigen Text zu gestalten.

Sigrun, eine gute Freundin von mir, arbeitete sich mit viel Herz und Zeit in den Text ein und unterstützte mich mit großem Feingefühl und Anteilnahme beim Überarbeiten.

Rahel, Sharon und Petra halfen mir bei grammatikalischen Fragen.

Meine Hausbewohner Sören, Milad und Philipp unterstützten mich auf unterschiedliche Weise bei der Computertechnik.

Herr Frey von der Firma afo erstellte mit Ideen, Engagement und reichlich Geduld das Layout und übernahm die Zuständigkeit für Druck und Bindung der ersten Ausgaben.

Der Leiter der Christlichen Verlagsgesellschaft mbH Dillenburg, Herr Jaeger, ermöglichte es mir, mein Buch in seinem Verlag zu verlegen.

Herzlichen Dank!

Hartmut Jaeger (Hg.)
Diagnose: Hoffnung
Menschen berichten, wie sie mit
Krisen fertiggeworden sind
Br., 96 S., 19 × 26 cm
Best.-Nr. 271725
ISBN 978-3-86353-725-8

In diesem hochwertig gestalteten Magazin finden Sie Zeugnisse von Menschen, die Krankheit, Leid und Schmerz durchmachten und dabei Gottes Hilfe und Trost erlebten. Passende Bibelverse und Zitate ergänzen die Texte, und die ansprechende Gestaltung lädt zum Blättern und Weitergeben ein.

Nabeel Qureshi
Allah gesucht – Jesus gefunden
Eine außergewöhnliche Biografie
Gb., 512 S., 13,5 × 20,5 cm
Best.-Nr. 271658
ISBN 978-3-86353-658-9

Nabeel Qureshi wächst in einem liebevollen muslimischen Zuhause auf. Schon in jungen Jahren entwickelt er eine Leidenschaft für den Islam. Dann entdeckt er – fast schon gegen seinen Willen – unwiderlegbare Beweise für die göttliche Natur und die Auferstehung Jesu Christi. Die Wahrheit über die Gottessohnschaft Jesu kann er nicht länger leugnen. Doch eine Konvertierung würde automatisch die Trennung von seiner geliebten Familie bedeuten. Qureshis Kampf und die innerliche Zerreißprobe werden Christen ebenso herausfordern wie Muslime und jeden, der sich für die großen Weltreligionen interessiert.

Eine Geschichte über den inneren Konflikt eines jungen Mannes, der sich zwischen Islam und Christentum entscheiden muss und schließlich seinen Frieden in Jesus Christus findet.

Joachim Rohrlack
Fröhlich bleiben statt bitter werden
Eine Autobiografie
Tb., 144 S., 11 × 18 cm
Best.-Nr. 271864
ISBN 978-3-86353-864-4

Pastor Joachim Rohrlack erzählt seine zu Herzen gehende Lebensge-schichte. Als „Produkt der Besatzungsmacht" erlebt er von Anfang an Ausgrenzung und Benachteiligung in Schule, Gesellschaft und Beruf. Aufgewachsen im Kinderheim, ergibt er sich jedoch nicht seinem bit-teren Schicksal, sondern reagiert mit Ehrgeiz, Fleiß und Fröhlichkeit. Als Jesus Christus in sein Leben tritt, erhält dieser Lebenswandel eine Grundlage, und seine Ziele bekommen eine neue Ausrichtung …

Johannes und Eva-Maria Holmer
Ich weiß, dass Gottes Plan perfekt ist
Lydia – ein Leben voller Vertrauen
Gb., 224 S. (+ 16 S. Bildteil)
13,5 × 20,5 cm
Best.-Nr. 271998
ISBN 978-3-86353-998-6

Lydia Holmer, eine junge Frau voller Lebensfreude und Liebe zu Gott und den Menschen, erhält die niederschmetternde Diagnose Krebs. In diesem Buch erzählen Eva-Maria und Johannes Holmer die bewegende Geschichte ihrer Tochter, die in allem die Handschrift Gottes erkannte und auch auf ihrem Leidensweg an ihm festhielt, bis sie schließlich mit nur 28 Jahren an ihrer Krankheit verstarb. Mit ihrem unerschütterlichen Glauben und ihrer anhaltenden Freude war sie vielen ein Vorbild, und ihre Geschichte inspiriert bis heute zahlreiche Menschen.